大谷翔平の思考法

「できない」を「できる」

追手門学院大学スポーツ研究センター特別顧問
児玉光雄

アスコム

はじめに

２０２３年ＷＢＣの決勝、対アメリカ戦の開始前、大谷選手は全選手を集めたロッカールームでの円陣で声出しを行いました。そのとき、彼はこう語っています。

「僕から1個だけ。憧れるのをやめましょう。ファーストにゴールドシュミットがいたり、センターをみればマイク・トラウトがいるし、外野にムーキー・ベッツがいたり、野球をやっていたら誰しも聞いたことがある選手たちがいると思う。憧れてしまっては超えられないので、僕らは今日超えるために、トップになるために来たので、今日一日だけは彼らへの憧れを捨て、勝つことだけを考えていきましょう」（THE ANSWER ２０２３・03・22付）

私がこの本で強調したいのは、「真の成功とは、勝負に勝ったり、タイトルを獲得したり、巨額の金銭を得ることではなく、個人軸の充足感を得て自らの夢をかなえることである」という事実です。

その人間の運命は、決して遺伝子によって決まるわけではなく、その人の思考によって決まります。もしも、あなたが「これは無理！」と考えた瞬間、脳はそれを不可能にするための行動のプログラミングを作成し始めてしまうのです。

大谷選手を超一流のメジャーリーガーに仕立てたのは、「自己イメージの描き方がほかのどの選手よりも上手かったからだ」と、私は考えています。

大谷選手が凄いパフォーマンスを発揮できるのは、彼が「最高のメジャーリーガー」の役を忠実にこなす名優だからです。一握りの一流の人たちの共通点は、「なりたい自分を見事に演じる名優である」ということです。

いかに本気でその最高の自分を演じ切れるか。それは日々の練習にかかっているのです。その練習とはバットを振り、ボールを投げるだけに止まりません。メジャーのトッププレーヤーに成り切るという思考法を大谷選手は日々行っているのです。

最高の自分に成り切る練習を重ねれば、演技と最高の自分との距離が着実に近付いていき、最終的には重なるのです。

それを大谷選手は日々丹念に行ってきたから、現在のようなパフォーマンスを発揮できるのです。あるとき、大谷選手はこう語っています。

「憶測だけで制限をかけてしまうのは無駄なことだと思います。子どもは『プロ野球選手になりたいです』って言うじゃないですか。子どもはそういう制限をかけないのかなと思います。周りの人たちの前で、声を張って言える子どもが実際、プロ野球選手になっているんだと思います」（『不可能を可能にする大谷翔平120の思考』ぴあ）

私たちが持っているはずの潜在能力に制限をかけているのは、他ならぬ自分自身なのです。それでは、本来の自分の力を発揮するためには、いったい何をすべきでしょうか。朝起きて洗面台に直行して、鏡に向かって笑みを漂わせながら、自信満々の表情と態度で、「今日も私は大きな成果を挙げることができる」と自分に語りかけましょう。そうすれば、どんな状況にあっても自信を失うことなく、毅然とふるまえるはずです。

この本では、私たちとはちょっと異なる大谷選手の思考パターンを読み解き、私たちの人生を成功に導くヒントを探ります。大谷選手の思考パターンを理解して日々完全燃焼すれば、あなたも人生を充実させることができるだけでなく、大きな夢をかなえることができるのです。

最後に、この本を実現してくださったアスコムの高橋克佳社長、並びに編集で大変お世話になった岡田剛さんに謝意を表わしたいと思います。

２０２３年９月　児玉光雄

大谷翔平選手の成功方程式を読み解く

大谷翔平選手のような一握りの超一流の人たちの共通点

2 大谷翔平選手に学ぶ夢をかなえる目標設定理論

3 大谷翔平選手の成功思考の秘訣を教えよう

大谷翔平選手の直感力が彼を偉大なメジャーリーガーに仕立てた

大谷翔平選手が教えてくれる仕事で成果を上げる秘訣

prologue

大谷翔平選手の成功方程式を読み解く

これからの時代で成功をつかむ「ニュータイプ」の特徴

２０２３年６月30日の対ダイヤモンドバックス戦、この日大谷選手は、２番・ＤＨで出場。２試合連発となる30号本塁打をマーク。６回無死、大谷選手のバットから放たれたボールは、看板をかすめて右翼上段席に飛び込みました。

推定飛距離は自己最高の４９３フィート（約１５０ｍ）で、自身の最長記録を７ｍも更新したのです。これで６月の月間本塁打は15本となり、１９６１年のロジャー・マリス（ヤンキース）以来の62年ぶり４人目の記録となりました。

出場82試合での30本は、ア・リーグ新記録の62本塁打を叩き出したヤンキースのアーロン・ジャッジ選手と同ペース。それだけでなく、6月末の時点で本塁打は2位と6本差、打点は2位と1点差と首位を快走。打率も首位と6厘差につけました。この大活躍が評価され、大谷選手は見事6月の月間MVPを獲得したのです。

試合後、エンゼルスのフィル・ネビン監督は、興奮気味にこう語っています。

「かつて、500フィートのホームランを打った、という話を聞いたことがある。でも、そうした打球を見ることはないと思っていた。いまと昔では計測の仕方が違うから比較は難しいけど、あんなに飛んだ打球は見た記憶がない」（サンスポ2023・07・01付）

大谷選手のこの快進撃は、彼の「創造力」によって支えられていると、私は考えています。日本社会では、答えが一つしかない問題を解く技術を、徹底して教育されます。この教育システムによって鍛えられるのは、記憶力だけです。これからの時代を生きるのに必要不可欠な、直感や創造力はこれでは到底育たないのです。

これからの時代は、記憶力を駆使する作業は、すべてコンピュータや人工知能に取って代わられてしまいます。つまり、**「人類最後のフロンティア」とも呼ばれ、脳科学においてもいまだメカニズムが解明しきれていない「直感」や「創造力」を鍛えなければ生き残っていけない**のです。

高度な課題になるほど、単純に解を求めることはできません。「与えられた問題を解く」という能力は、もはや評価されない時代であることは明らかです。

大谷選手のようなニュータイプの人間は、前人未踏の課題を設定して、その正解を探究するのです。

投打の両面において卓越したパフォーマンスを発揮する。これまでの野球の概念を根本から覆す大谷選手の偉業は、小さい頃から正解のない課題に挑むことを、積み重ねてきた鍛練と思考法の賜なのです。

イノベーションを「革新性」と「パフォーマンス」の2軸で考えてみる

２０２３年7月11日、この日シアトルマリナーズの本拠地Ｔモバイル・パークで開催されたオールスター戦で大谷選手は２番・ＤＨで先発出場。ファン投票でア・リーグ最多の２６４４万票を獲得し、圧倒的に注目を集める中、３年連続の出場を果たしました。

大谷選手がバッターボックスに立つと、なんと「シアトルに来て！」という大合唱が始まったのです。いくらオールスターゲームとはいえ、ホーム以外の選手にこれだけの声援が送られるのは、異例のことです。

オールスター前日の会見で、「大谷選手にとって二刀流の原動力とは？」という質問に対して、彼はこう語っています。

「ゲーム自体が好きですし、打つのも投げるのも好きなので、楽しんでまずはやるのが一番だと思います」（NHKNEWSWEB 2023・07・11付）

二刀流という、野球界にイノベーションをもたらした大谷選手を「革新性」と「パフォーマンス」の2軸で考えてみたのが、**図表1**です。この図表からイノベーションというのは「バックスクリーン直撃のホームラン」であることがすぐにわかります。

「方法論としての革新性」と「生み出したパフォーマンスの大きさ」のバランスが良くても、そのレベルによって「2ベースヒット」や「ヒット」に留まることもあるのです。そして、生み出したパフォーマンスがいくら大きくても、革新性のレベルが低ければ、ファウルになります。同様に、革新性のレベルがいくら高くても、肝心のパフォーマンスが発揮できなければ、やはりファウルになってしまうのです。

図表 1 **イノベーションとは?**

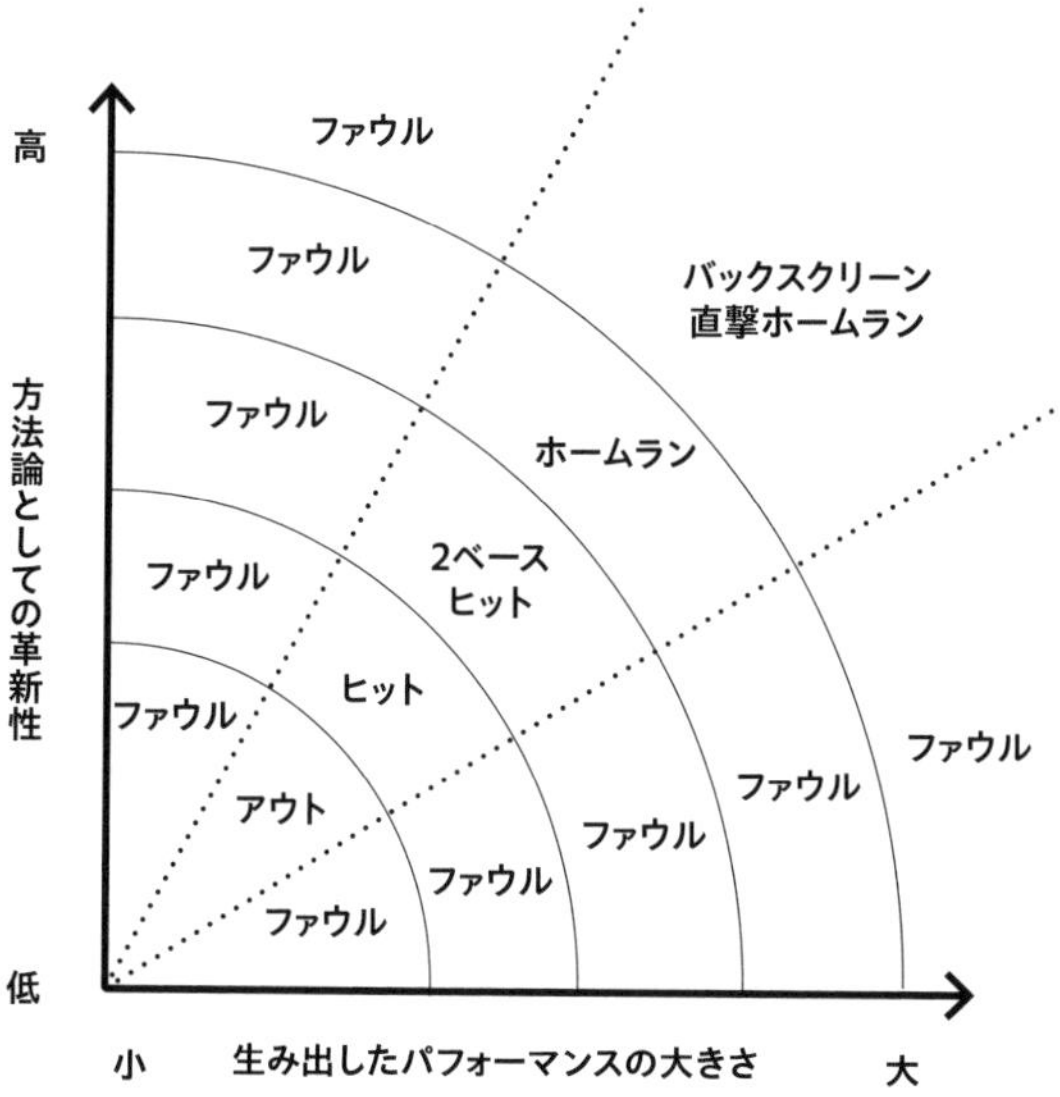

『ニュータイプの時代』(ダイヤモンド社)に掲載された図を改変

二刀流という方法論がどれだけ革新性があっても、大谷選手がパフォーマンスを発揮できなければそれは「ファウル」に終わってしまいます。

一方、いくら打撃や投球のどちらかで凄いパフォーマンスが発揮できても、革新性という尺度で見れば低いため、やはりファウルになるのです。つまり、長いメジャーリーグの歴史の中で、ベーブ・ルース以外誰も達成できなかった偉業、「投手と打者の両面で高レベルのパフォーマンスを発揮している行為」が「バックスクリーン直撃ホームラン」であることは論を俟《ま》たないのです。

未知の問題を解く目的は、正解にたどり着くことだけではありません。仮にたどり着けなかった場合も、その過程こそが人を進化させてくれるのです。このことについて大谷選手はこう語っています。

「正解はないと思うんですけど、人は正解を探しに行くんですよね。正解が欲しいのは、みんなも同じで。『これさえやっておけばいい』というのがあれば楽なんでしょうけど、たぶんそれは『ない』と思うので、正解を探しに行きながら、ピッチングも、バッティングもしていたら楽しいことがいっぱいありますからね」（『道ひらく、海わたる 大谷翔平の素顔』扶桑社）

大谷選手がスイングするバットの軌道の数はほぼ無限です。ボールとバットのコンタクトはとても繊細で、ほんの数ミリ違っただけでホームランになったり、平凡な外野フライになったりします。

同様に、大谷選手の投げるボールの軌道も無限に存在します。軌道がほんの数センチ違うだけで、そのボールは打者のバットの芯を外れてくれるわけです。

バッティングにもピッチングにも、確実な正解は存在しないのです。そうなれば、ボールを投げる作業、あるいはバットを振るプロセスを繰り返し試してみるしかありません。つまり、大谷選手にとって、本番は普段の練習の成果を試す実験場なのです。

20世紀に評価されたのは、既存の知識を駆使して一つしかない解答を出せる人間でした。

一方、21世紀型のニュータイプの人間は、常に自分にとっての理想像を鮮明に脳裏に描きながら、目の前の現実の自分と比較して、そのギャップを埋めるために行動を起こし、そのプロセスで徐々に自分を進化させていく人間と定義できます。

終着点に到達することを最優先するオールドタイプの人間が活躍する時代はすでに終焉を迎えています。これからの時代は、到達がほぼ不可能な理想像を描き、その過程で進化の手掛かりを求め続ける、大谷選手のような思考法を持つ人間だけが成功できるのです。

WBCで大谷選手が経験した「ゾーン」の正体

２０２３年３月22日、この日ＷＢＣの決勝戦の対アメリカ戦、大谷選手が最終回に投じた15球は圧巻でした。

３―２と１点リードで迎えた９回、先頭バッターのマクニール選手を四球で一塁に歩かせます。次の１番バッター、ベッツ選手を併殺打に討ち取り、２死走者なし。そして、迎えるバッターはエンゼルスの同僚で、ＭＬＢを代表するスーパースター、マイク・トラウト選手。

初球に投じた大きく横に曲がるスイーパーはボール。２球目以降は空振りとボールを交互に繰り返し、3ボール2ストライク。そして運命の6球目、87・2マイルのスイーパーはトラウト選手のバットをすり抜けていきました。

この瞬間、大谷選手は雄叫びをあげながら、グラブと帽子を放り投げて歓喜の輪の中に入っていったのです。この大会で、大谷選手は見事MVPに輝きました。

大谷選手をずっとサポートしてきた水原一平通訳は、試合後「翔平があんなに楽しく野球しているのを初めて見た」と語りました。まるで少年に戻ったような大谷選手がそこにいたのです。試合後、大谷選手はこう語っています。

「（優勝は）間違いなく今までの中でベストの瞬間だと思う。（投手として）ある程度プランは立てていったが、あとはバッターとピッチャーの間合いの中で、勘で球種を選択して投げた。第1回大会からいろいろな（日本の）先輩たちが素晴らしいゲームをして、実際に僕らがそれを見て、『ここ（WBC）でやりたい』

『自分もこういうふうになりたい』という気持ちにさせてもらったのが一番大きい。今回の優勝で、そういう子どもが増えたら素晴らしいこと」（『侍ジャパンWBC優勝記念号』ベースボール・マガジン社）

WBCの決勝の対米国戦で、大谷選手に「ゾーン」が降りてきたことは間違いありません。ゾーンとは、「最高のパフォーマンスを発揮する最高の心理状態」を指します。

「ゾーン」は、スポーツ心理学におけるもっとも重要な研究テーマの一つです。もしもその選手が「ゾーン」に入ったら、以下のような兆候が表れることが、数多くのアスリートのアンケート結果により判明しています。

1．これから起こることが鮮明に予測できた

2．身体が無意識に動き、その結果は事前にイメージした通りになる

3．雲の上に乗ったようなフワフワとした感覚に襲われる

4．周囲の雑音をまったく感じることがなかった
5．時間の経過が驚くほど短く感じられた

この感覚はスポーツ選手だけが体験するわけではありません。さまざまな業種のトップ達にも「ゾーン」は訪れます。一流のパイロットは、凄まじい荒天においても、恐怖を感じることなく完璧なフライトを実現します。あるいは、一流の外科医なら、難度の高い手術であっても、手術前のイメージ通りにテキパキと作業を進めることができるのです。

ゾーンを引き寄せる要素は、「目標の明確さ」です。明確な目標を持って平常心と集中力を維持すれば、突然「ゾーン」は訪れるのです。さらにいえば、目標設定を上げて、やや難易度の高いことに挑んでいるときに「ゾーン」が訪れます。言い換えれば、自分が快感に感じる「コンフォート（快適）領域」では「ゾーン」は降りてこないのです。

図表2 **チャレンジレベルとスキルレベルで表す心理状態。両方の変数が高いときに最適経験またはゾーンが起こる**

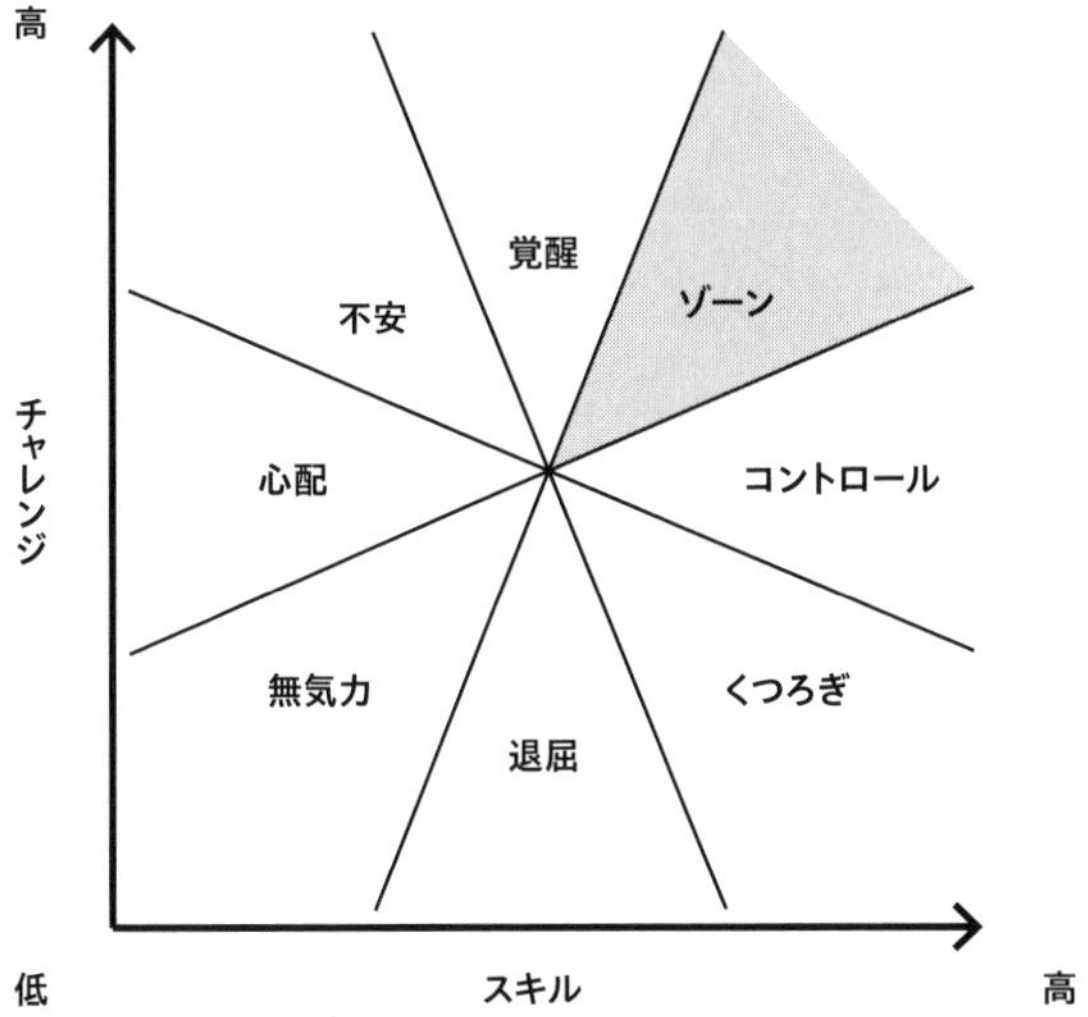

Massimini&Carli 1988; Csikszentmihalyi 1990 より改変

図表2に、ゾーンを含む8領域を示します。横軸はスキルの度合であり、縦軸はチャレンジの度合を示します。高いレベルのスキルとチャレンジが噛み合ったときにゾーンは訪れるのです。その両端には「覚醒」と「コントロール」という好ましい心理状態が現れます。

そして、バランスが崩れた領域にチャレンジし過ぎる場合には「不安」と「心配」、チャレンジが不足し過ぎる場合には「くつろぎ」と「退屈」が現れるのです。

普段から「平常心」と「高い目標」という二つの要素を実現することにより、突然あなたにも大谷選手のような「ゾーン」が訪れるのです。

自分の人生はすべて自分で決断しよう

大谷選手は、エンゼルスと単年３０００万ドル（約43億４０００万円）で２０２３年の契約に合意しました。年俸調停権を持った選手としては史上最高年俸額となり、米経済誌「フォーブス」によると、今回の契約とスポンサー収入などを合わせて、５０００万ドル（約72億３７００万円）になると見られ、この額は今年のＭＬＢの高額収入選手リストでメジャーで2番目に「稼ぐ選手」になると分析しています。

２０１８年にアメリカで３０００名以上を対象にした「成功に対する見方」につ

いての大規模な意識調査が行われました。その設問の一つが「社会が定める成功の定義に含まれるものは？」というものでした。その問いに対して**「富」と「地位」のニつが最上位の回答**でした。

その中で私が特に興味を持ったのは、「あなたはこの定義に同意するか？」という設問とその回答でした。「この定義に同意する」と答えたのはわずか18％。そして40％の人たちが「それらは次第に社会の見方からかけ離れつつある」と答えたのです。

もっと注目すべきは、彼らの大多数が**「成功を個人的に定義するとしたら、幸福感と達成感こそがもっとも重要である」**と答えたことです。確かに、「富」や「地位」はほとんどの人間にとって魅力的ではあるのですが、それを獲得した人たちが幸せかというと、必ずしもそうではないのです。

事実「富」と「地位」の両方を得ても不幸な人生を送っている人たちはたくさんいます。大谷選手も、「富」と「地位」に固執してはいません。

日本ハム時代の大谷選手が、両親から一ヶ月分のお小遣いとして渡された10万円でやり繰りしていたというのは有名な話です。しかも、それもほとんど遣わずに貯蓄に回していたというのです。

ノーベル経済学賞を受賞した著名な経済学者であるプリンストン大学のアンガス・ディートン教授の研究によると、「ポジティブ感情」「憂鬱でない」「ストレスフリー」の3つの指標で収入と幸福度の相関関係を調査した結果、年収4万ドル（約560万円）までは、年収に比例して幸福度は高まるが、年収6万ドル（約840万円）くらいになるとそれは横ばいになり、年収8万ドル（約1120万円）を超えてしまうと、幸福度はほとんど高まらなかったのです**（図表3）**。

結局「富」や「地位」というものは、日々の幸福感や達成感を感じながら行った成果のご褒美として捉えることが重要なのです。

図表3　収入が増えるほど幸福は増えるか?

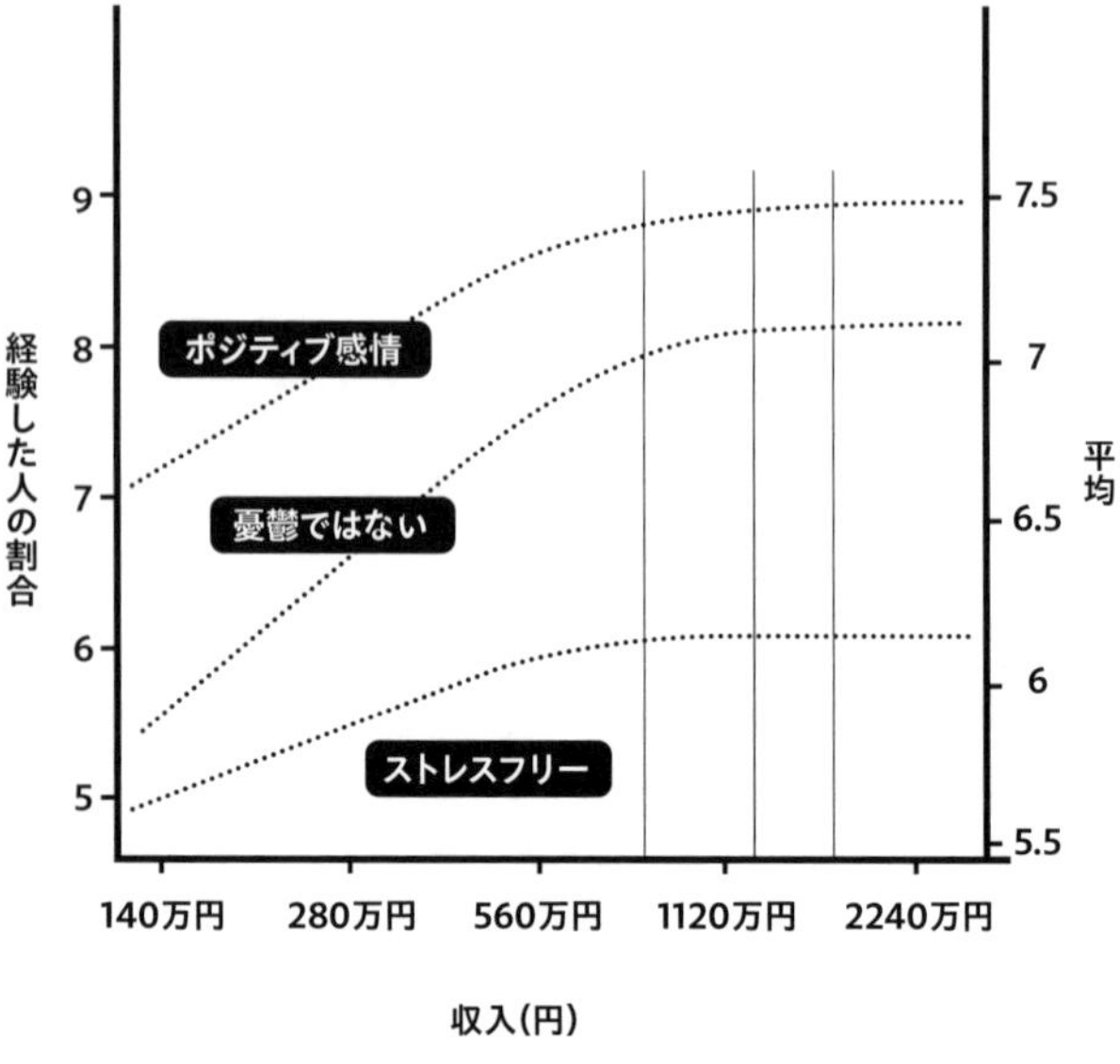

プリンストン大学Angus Deaton教授の研究より

ミズーリ大学のケニー・シェルドン博士とカリフォルニア大学リバーサイド校のソニア・リュボミアスキー博士による研究を紹介しましょう。

学生を無作為に二つのグループに分け、一方には、「この学期中に『環境』に良い変化があった人は登録してください」と伝え、もう一方には、「この学期中に『行動や目標』に良い変化があった人は登録してください」と伝えました。そして、どちらのグループにも、登録した後に変化の内容を書いてもらいました。

その結果、「環境変化グループ」よりも、「行動変化グループ」のほうが、「自分の意思で実践して変化が生じた」と回答しました。そして、この行動変化グループのほうが、変化のためにより多くの努力を払っていたのです。

大谷選手が「行動変化グループ」に属する人間であることは、論を俟たないのです。このことに関して、大谷選手はこう語っています。

「周りを自分の思うように変えたいとは全く思いません。他の人を変えるのはなかなか難しいし、『自分のために変えてくれ』というのも変な話なので。できるのは自分で自分を変えることだと思いますが、正直、自分のことでさえ変えるのは簡単ではなくて、自分が自分のポジションでできることをやっていくしかありません。その結果として僕の努力を見た人が『自分も頑張ってみよう』と思ってくれたら素晴らしいことだと思うんですけど、それを最初から『お前も頑張れ』というスタンスでは難しいと思っています」（www.salesforce.com）

自分がコントロールできることに的を絞って、果敢に行動を起こすことこそ、大谷選手のような一握りの一流の人たちの共通点なのです。

この大谷選手の言葉からもわかるように、彼の素晴らしいパフォーマンスにより、それはファンにも伝わり、彼らの心が触発され、好ましいパフォーマンスを生み出すのです。

あなたは、ゼロサムゲームという経済用語を知っていますか？　簡単に言うと、ある組織における参加者全体の利益と損失の総和はゼロになる、というものです。ポーランドのグダニスク大学の心理学グループは、「誰かの成功があれば、誰かの失敗が存在する」というゼロサム信念の強さについて、国ごとにどのような傾向があるかについての面白い研究結果を発表しています。

世界43カ国を調査したデータでは、日本人は20位で、ゼロサム信念は世界的には平均的な得点になりました。

しかし、このゼロサムゲームは、資源が限定されているという状況の中で生じる現象に過ぎないのです。幸福やパフォーマンスという尺度に、それは適用できないのです。私たちが幸福であることは、周囲の人たちも幸福にします。そして、周囲の人たちが幸福であることが、私たちの幸福にとっても大切なのです。もちろん、パフォーマンスも同様に伝播するのです。

chapter

1

大谷翔平選手のような一握りの超一流の人たちの共通点

プロセスを徹底的に追求することの大切さを理解する

２０２２年シーズンは、大谷選手にとって最高のシーズンとなったことは間違いないでしょう。メジャーリーグ・アナリストの福島良一さんが、このシーズンの大谷選手の偉業をランキングにしています（**図表４**）。

もちろん、ピッチャーとして15勝、バッターとして34ホームランというベーブ・ルース以来のメジャー史上２人目となる両部門２桁達成も素晴らしい記録ですが、なによりも凄かったのはメジャー史上初めて規定投球回数と規定打席に到達したことでしょう。いわゆる「エースで４番」をメジャーで初めて実現した野球選手になったのです。

図表4 福島良一氏が選ぶ「神記録」ランキング

順位	記録		詳細
1位	2桁勝利&2桁本塁打	104年ぶり	8月9日アスレチックス戦で1918年ベーブ・ルース以来史上2人目
2位	規定投球回&規定打席クリア	近代MLB初	10月5日アスレチックス戦で達成。二刀流の真骨頂となる金字塔を打ち立てた
3位	シーズン15勝&30本塁打	史上初	8月31日ヤンキース戦で30本、9月29日アスレチックス戦で15勝
4位	シーズン200奪三振&30本塁打	史上初	9月23日ツインズ戦で200奪三振は複数いるが30発打つ投手はいない
5位	2桁勝利&2桁本塁打&2桁盗塁	史上初	8月9日アスレチックス戦で達成。走力ある大谷ならではの記録
6位	トリプル150	史上初	8月27日アスレチックス戦で150安打、153投球回、203奪三振
7位	ダブル600	近代MLB初	9月23日ツインズ戦、打者で600打席、投手で延べ600人と対戦
8位	メジャー通算400奪三振&100本塁打	史上2人目	ベーブ・ルース(488奪三振&714本塁打)に次ぐ快挙となった
9位	チーム19冠	史上初	投打19部門チームトップ。打者では安打数、投手では投球回など
10位	球団最多投球回数&打席数	146年ぶり	同一シーズンの打席数&イニング数チームトップは1876年以来

『大谷翔平　パーフェクトデータブック2022年版』宝島社より

しかし、成績以上に素晴らしいのは、大谷選手はどのメジャーリーガーと比べても、プレーすることそのものに快感を得られる選手だという部分です。

「結果よりもプロセスのほうが大事である」。常々、私が主張するのはそういうことなのです。

アメリカの著名な哲学者、ジョシュア・ハルバースタム博士の以下の言葉が私は大好きです。

「(仕事の) 目標は、自分が向上することだ。誰かに勝つことではない」

大谷選手の素晴らしさは、結果ではなく、プロセスに意識を置いていることです。これこそ大谷選手を超一流のアスリートへ飛躍させた思考法なのです。このことについて2021年シーズン後にシーズンを振り返って、大谷選手はこんなことを語っています。

「（33本のホームランを打った）シーズン前半と（13本のホームランを打った）後半とでは、ホームランの内容がずいぶん違ったと思います。後半のほうが数字は残らなかったのですけど、バッティングとしては洗練されてきているところがあったので……。やっぱり後半は厳しいところを突いてこられた中でのホームランでしたからね。そこを見極めながら甘く入ってきたボールをしっかりホームランにできていた」（『週刊ベースボール２０２２・12・26号』ベースボール・マガジン社）

並の選手なら、単純に数字だけを比較して、前半のほうがはるかに調子がよかったと短絡的に考えてしまいます。しかし、大谷選手は、そのプロセスを深く突き詰める思考法が身についているのです。

自発的に取り組めば成果と幸福感をもたらしてくれる

人が仕事に取り組む姿勢は、2通りに分かれます。「自発的に仕事をしている人」と「与えられた仕事をこなしている人」です。

同じ仕事をしていても、「自発的にやる仕事」と「やらされる仕事」では効率も、成果もまるで違うのです。その真実をまさに体現しているのが、大谷選手と言えるでしょう。

それだけでなく、働いているときに生じる感情も、まったく異なったものになります。

「自発的にやる仕事」は、「ワクワク感」とか、「充実感」といった好ましい感情を生み出します。

一方、「やらされる仕事」では、「渋々」とか「仕方なしに」といった好ましくない感覚しか湧いてきません。「自発的に取り組む練習」なら、どんなに過酷でも、持続できるのです。

同じ作業をしていても、コーチに与えられた練習をこなす選手の心の中には、「ワクワク感」や「充実感」は湧いてきません。そんな心理状態では、創造性やひらめきを生み出す脳の領域は働かないのです。

同じ内容の仕事をしていても、「生き生きと自発的に仕事にのめり込んでいる人」と、「何度も腕時計を見ながら退社時間を気にしている人」に分かれるのはなぜでしょうか。

どんな仕事でも、それを「お金を稼ぐ手段」として捉えている限り、「ワクワク感」や「充実感」は生まれてきません。逆に言うと、**「お金を稼ぐために働いている」という感覚が消えたとき、「ワクワク感」や「充実感」が生まれる**のです。捉え方をちょっと変えてみるだけで、「面白くない仕事」は俄然「輝かしいワクワクする仕事」に変わるのです。そのためのヒントを大谷選手は示してくれています。

大谷選手は「イメージの中で野球がうまくなる感覚があるか？」という記者の質問に答えて、こう語っています。

「ありますよ。イメージの中ではうまくなっています。実戦での答え合わせはできませんけど、練習の中での答え合わせはできますし、こういう感覚でよくなかったこと、よかったことが毎日、毎日出てくるんです。今日もありましたよ。それを明日、どうやってみようかなっていうのが何個か出てきて、それを次の日に試して、という繰り返しです。そうやって、ちょっとずつ伸びてくるんじゃないかと思います」（『雑誌ナンバー　2020・05・21号』文藝春秋）

大谷選手のように、日々の練習の中で上達のヒントを見つける喜びを感じることができたら、どんな仕事であっても、充実感を得られるはずです。

充実感や幸福感を持ちながら目の前の仕事に取り組もう

大谷選手は「何かに成功すること」で幸福感を得ているのではなく、「自分が好きで得意なことに没頭すること」で幸福感を得ているのです。

「仕事の内容が面白くない」という理由で「やらされる仕事」になっている人は、決して一流の仕事人にはなれないし、幸福感も得られません。

目の前の作業に没頭できる喜び、厳しい練習を自発的に課している源泉は「成長欲求」であると、私は考えています。「悲壮感を漂わせた血の滲むような努力」は、もはや20世紀の遺物になりつつあるのです。

実際、この世の中には、「内容の面白い仕事」なんて存在しないのです。あのイチローさんでさえ、現役時代に「自分が一番やりたくない作業。それはバットを振る作業だ」と語っているくらいです。しかし、イチローさんはその後に、「じゃあ、なぜ僕がその作業にのめり込めるのか？　それはバットを振り続けない限りヒットを量産できないことを知っているからです」と続けています。

私の場合で考えてみると、「趣味でゴルフをプレーする」こんなに面白い作業はありません。しかし、ゴルフを仕事にしてしまうと、途端にそれは面白くない作業に変わります。まず、朝から晩までクラブを握ってボールを打つ作業に打ち込まねばなりません。また、卓越した技能を持つプロゴルファーたちと闘って収入を得る、これは生半可なことではないのです。

ゴルフのような魅力的なスポーツでも、それを仕事と考えると決して面白い作業ではなくなってしまいます。

しかし、**「最高の成果を上げる」という視点で取り組めば、俄然、仕事は面白くなります**。プロゴルファーであれば、トーナメントでの成績が芳しくなくても、自分をより進化させることを目的と考えれば、日々の成長に充実感を得られるはずです。そして結果として、必ず成績も伸びてくるものです。

これはどんな内容の仕事にも適用できます。「昨日より進化した自分」を追い求めれば、「自発的にやる仕事」に変わります。さらに、仕事の成果よりも仕事をしている作業そのものが楽しくなれば、「やらされ感」は簡単に消えてしまうのです。

自己啓発の本には、「努力を積み重ねれば、いずれ成功にたどり着く」と記されています。しかし、それは時代遅れの考え方です。

「充実感や幸福感を持ちながら楽しく努力を積み重ねれば、夢をかなえることができる」というのが正解なのです。

歯をくいしばって努力するという姿勢はとても美しいかもしれませんが、それらは「ワクワク感」とか「充実感」とは、まったく無縁なものです。

自分が納得する形で楽しく鍛練を積み重ねることにより、あなたの潜在能力が発揮されて成果が上がるはずです。またそういった姿は、周囲の人間にも好影響を与え、結果として幸福感のほうからあなたに擦り寄ってくるのです。

行動できない人は思考が停止している人

思考は行動という花火の導火線です。思考することなくして行動はあり得ません。逆に積極的に行動している人の脳は活発に働いているということです。このことについて大谷選手はこう語っています。

「何も変わらないより、何かを変えていったほうがいい。何も変わらなかったら、前の年と同じ結果になる可能性は高いですし、変化を求めていったほうが僕は楽しいと思うんですよね。これが良かった、これが悪かった。そういうのを繰り返したほうが面白いんじゃないかと思うんです」（『道ひらく、海わたる　大谷翔平の素顔』

扶桑社）

つまり思考と行動のループを頻繁に行うことにより、それが習慣として定着し、行動力のある人間に変身できるのです。それだけでなく、このループが定着すれば、行動だけでなく思考速度も上がるのです。そして最終的には、「考えながら行動する」というレベルに到達できるのです。

ここで一つ留意すべきことがあります。「出てしまった結果についてはくよくよ考えない」ということ。

「結果を反省して次の行動につなげる」ということがこれまでの常識でした。しかし、反省すると、心はどんどん落ち込んでいきます。さらに、失敗という事実が鮮明に記憶されるためにネガティブなイメージが積み上がっていくのです。このネガティブ思考が生まれてしまうと、行動を抑止するのです。

コーネル大学のトーマス・ギロビッチ博士は、「人生を振り返ってもっとも後悔することは何か」についての調査を行いました。

その結果回答の75％が、「しなかったこと」への後悔でした。大事な場面で「失敗した経験」よりも、「行動しなかったこと」を私たちは悔やむのです。

それに対して、何かを「した」後悔のほうは、わずか25％でした。つまり、それは「しなかった」後悔より3倍少ないのです。

私たちは、機会が失われ、将来的にもそれを変えることができないと思うと、深く後悔してしまうことがわかっています。逆に言うと、「まだまだやり直せる」「いつだってリカバリー可能」と考えることができれば、それほど後悔もしないのです。

アーカンソー大学の心理学者デニス・ベイク博士は、オンライン調査によって40歳から73歳までの人に、「人生で後悔していること」を尋ねました。多くの人々が、自分の仕事に関して後悔を感じていましたが、「私は、やり直せる」と思っている人は、仕事への後悔がないことも判明したのです。

たとえ失敗したとしても、「もう一度チャレンジすればよい」と、考えれば、心が明るくなってモチベーションも維持できるのです。

悪い結果はもちろん、良いことも忘れ去ってリセットしてゼロからスタートさせる。それはまさに、大谷選手の思考法です。

大谷選手の野球に取り組む姿勢は、一貫してリセットして投げたり、打ったりしていること。

それは日々のリセットだけでなく、ゲームにおける1球ごとのリセットにも表れています。もちろん、彼は投手として打者の過去のデータを頭に入れますし、打者として対戦する投手の球種を頭に入れておくこともあります。

しかし、過剰な情報は、自然な身体の動きを抑制してパフォーマンスを発揮する上で障害になります。ただひたすら心をリセットして「無の境地」になって1球1球相手と対峙する、この姿勢が私たちにも求められるのです。

悪いことが起こったとき、反省してそれに囚われていると、持てる潜在能力を発揮することができません。

もちろん失敗から学ぶこともあります。その場合の秘訣をお教えしましょう。原因を一つだけ1行にまとめて、10秒以内でメモすることを習慣づけるのです。そうすれば悪い結果に囚われず、次のステップへと踏み出すことができます。

逆に良いことが起こったときには、その感覚をイメージとして10秒間かけて脳裏に描くようにしましょう。その行為があなたの自信につながります。

自分の行った行動の結果は10秒間という制限時間をかけてうまくフィードバックし、気持ちをリセットしましょう。これが大谷選手のような一握りの一流の人たちがやっている習慣なのです。

変化をおそれず思いついたらすぐに行動する

２０１９年６月13日、この日大谷選手は、本拠地レイズ戦で自身初、メジャーでは日本人初となるサイクル安打を達成します。３番・ＤＨで先発出場し、初回の第１打席では、左中間への弾丸ライナーでいきなりの先制８号３ラン。

第２打席で左中間を破る二塁打を放ちます。第３打席では、右翼線にはじき返し、快足を飛ばして悠々と三塁まで到達、サイクル安打に王手をかけました。そして、第４打席で見事に中前打を放ち、サイクル安打を達成したのです。試合後、大谷選手はこう語っています。

「一番は本塁打を打てるパワーと三塁打が一番難しいかなと思うので、長打を三塁打にできる走力が重要かなと思います。(サイクル安打は)珍しいと思いますね。やっぱり複数の二塁打があってもダメですし、複数の本塁打があってもダメなので。運も必要だと思うので、そういったツキもあったかなと思います」(パ・リーグ・com　2019年6月14日付)

大谷選手の魅力は、パワーだけでなくスピードも兼ね備えたプレーです。彼は、本塁打を量産できる身体能力を持ちながら、それに甘んずることなくプレーの質を高めています。本来人間は、現状維持を好み、変化を嫌います。なぜなら、変化を起こすためにはエネルギーが必要だからです。一方、大谷選手のような一握りの一流の人たちは、「現状維持を極端に嫌う」のです。

大谷選手は思いついたらすぐに行動を起こします。私は、大谷選手のような一流人をオーバー・アチーバー(達成意欲の強い人たち)と呼んでいます。彼らは自分が定めたミッションを追い求める意欲が異常なほど強いのです。このことについて、大谷選手はこんなことを語っています。

「自分で『これをやりたいな』と思ったときには、他人よりも頑張れる自信はあります」（『道わたる、海ひらく 大谷翔平の素顔）』扶桑社）

彼らにとっては、結果によって行動が左右されることはありません。なぜなら、彼らの脳裏には、鮮明に「定めた目標を達成するまで決して行動を止めない」というミッションが存在するからです。だから、うまくいかなくても、モチベーションを落すことなく行動を持続できるのです。

心と身体は完全につながっています。触発するのはどちらのほうでしょうか？多くの人々が、思考がリードして、身体を動かすと考えています。しかし、思考を張り巡らすだけでは、「本気」にはなり得ません。

行動を起こすことにより、初めて私たちは「本気」になれるのです。初めはそれほどの気持ちがなくても、行動を起こすことにより目の前の景色が変わり、その行動が本気を生み出してくれるのです。

いくら目の前の作業に時間をかけても、本気でなければ成果は上がりません。目の前の作業に本気で取り組めれば、驚くほど短時間でその作業を完了させることができるのです。そのことについて、大谷選手はこう語っています。

「うまくいかない時期は必ずあります。（投手として）抑えられない、（打者として）打てないことは辛いし、悔しいです。でも、長いシーズンで毎年必ずそういう時期は来るものなので、そこに備えることが大事だと考えています」（三菱UFJフィナンシャル・グループホームページ）

大谷選手の本気がファンの人たちに伝わって、その一挙手一投足に感動するのです。野球だけに留まらず、どんな分野においても本気がその人間に気迫を与え、最終的に凄い成果を生み出すのです。

目標の数値化を試みる

大谷選手ほど自発的に自ら課した課題に打ち込んでいるアスリートは、それほど多くありません。「頑張る」とか「一生懸命」という言葉は日本のスポーツ界で美化されていますが、これらの言葉には「悲壮感」や「やらされ感」が滲み出ていると思うのは私だけでしょうか？

趣味ならともかく、プロの仕事において、口が裂けても、「頑張る」とか「一生懸命」といった言葉を口にしてはいけません。なぜなら、プロなら、こんな当たり前のことを言うべきではないからです。

「頑張る」とか「一生懸命」という言葉を多用する人は、それを言い訳にしてしまいがちです。「これだけ頑張ってるのにうまくいかない」とか、「私は一生懸命なのに、周りの人たちが理解してくれない」という逃げ道を用意しているのです。

この二つの言葉は漠然とした表現の代表格です。一流の仲間入りをしたいのなら、この二つの言葉を封印してください。数字の入っていない目標は目標とは言えません。**目標設定において「数値化」は、とても重要**かつ不可欠な要素です。「頑張る」とか「一生懸命」は、「精神論」を象徴する言葉です。「精神論」はもはや前時代の遺物になりつつあります。このような精神論を象徴する言葉が飛び交う組織は、大抵成果が上がっていない組織です。

大谷選手は、目標設定について以下のように発言しています。

「できないと決めつけるのは、自分的には嫌でした。ピッチャーができない、バ

ッターができないと考えるのも本当は嫌だった。160kmを目標にしたときも、できないと思ったら終わりだと思って、3年間、やってきました。最後に160kmを投げられたのは自信になっていると思います」（『大谷翔平　野球翔年Ⅰ日本編　2014－2018』文藝春秋）

ヨット競技で、コーチが選手に向かって「もっとロープを強く握れ！」と叫びます。これでは選手はロープを強く握れません。

「10秒間ロープを強く握れ！」とアドバイスして初めて、選手はその時間、本気でロープを握れるのです。数字のない指示は選手に不安を与えます。具体的な数字を入れた目標設定が、好ましい心理を生み出し、行動にも良い影響を与えるのです。

スキルを身につけるための習得時間を惜しまない

情報化社会の急速な進化によって、「効率」や「省略」が優先されます。しかし、大谷選手のような卓越したスキルを身につけるには、「効率」や「省略」といった呪縛からは逃れるべきです。

すぐに習得できるものは、それなりの価値しか持ちません。素晴らしいスキルを身につけたかったら、「一意専心」の覚悟を持って、じっくり時間をかけて楽しみながら鍛練すること。大谷選手は、「練習に取り組む姿勢」について、こう語っています。

「その瞬間が、今日来るかもしれないし、明日来るかもしれない。もしかしたら、ある日突然に何かを摑む瞬間が現れるかもしれない。だから毎日練習をしたくなるんです。毎日毎日バットを振るときもそう、投げるときもそうです。もしかして、その瞬間が来るかもしれないと思って、いつもワクワクしながら練習に行くんです」（『道ひらく、海わたる　大谷翔平の素顔』扶桑社）

「好きなこと」や「楽しいこと」はそれに打ち込んでいる瞬間が楽しいから、理屈抜きで長続きします。それが凄いスキルを身につける原動力になるのです。効率の悪いものや省略できないものがあなたにとっての武器になります。

「石の上にも3年」は短過ぎるのです。あなたの人生を支えるスキルは最低でも5年、7年、10年かけて、やっと物になるのです。

大谷選手が、本格的に野球を始めたのは小学2年生のとき。そして、それが仕事として認められたのは日本ハムファイターズのルーキーイヤーになるでしょう。つまり、10年間にわたって人生の時間のほとんどを野球の鍛練に費やしたから、大谷選手はプロとして通用するスキルを身につけることができたのです。

残念ながら、ほとんどの人は目に見える上達がないと、簡単に鍛練することを止めてしまいます。しかし、大谷選手のような一流のアスリートは、上達が目に見えなくても黙々と相変わらず同じペースで鍛練を積み重ねることができるのです。

スキルを身につける現象は、火山の噴火によく似ています。表向き変化のない火山はある日突然爆発します。外からは同じように見えても、火山の内部ではエネルギーが着実に溜め込まれています。そしてある臨界点を超えたときに突然火山は爆発するのです。

才能も火山のマグマと同じように、ある日突然爆発します。たとえ目立った成果が日々表れなくても、潜在的なエネルギーを増やすことが一流になるためには求められるのです。ある時、大谷選手はこんなことを語っています。

「僕にとっては、好きなことを仕事にしている楽しさが一番です。だから、自分が意識高く野球に取り組んでいるとはあまり思っていません。でも、取り組んでいる時間、考えている時間をなるべく長くしたいとは思っています。他の人が1日24時間のうちどれぐらいを野球と向き合えているかは分からないのですが、それに負けないように自分自身がやりたいことに向けられる時間を長く取るようにはしています」（www.salesforce.com）

習得に時間をかけることから逃げないのが、一握りの一流の人たちの共通点。それを可能にしているのは、大谷選手の心の底から湧き上がる、異常なほど強烈な好奇心なのです。

内発的モチベーションこそ、成功実現に不可欠な要素

心理学における最重要テーマの一つは、「モチベーション論」であり、これは本書の重要テーマの一つです。大谷選手の成功思考の一つが「モチベーション」であることは言うまでもありません。

同じ仕事を同じ時間やっても人により成果は異なります。しかし、それを能力の違いと片付けてしまうのでは成長はあり得ません。野球に対する心構えが他の選手と大きく違っていたから、大谷選手は突出したプレーヤーになり得たのです。

2019年5月に肘の手術から復帰した後、しばらく調子が出なかったことに触れて、大谷選手はこう語っています。

「わかっていてできるのが天才なら、僕はわかっていてもできないのでたくさん練習しなきゃいけない。練習はそのためにある、ということなんじゃないですかね」（『雑誌ナンバー2019・6・27号』文藝春秋）

モチベーションを大きく分類すると、「内発的モチベーション」と「外発的モチベーション」に分類できます。「内発的モチベーション」とは、内面から湧き上がる自然発生的なモチベーションのこと。このことに関して、2021年シーズンの後半、大谷選手はこう語っています。

「今年、このまま順調にいけば、おそらくキャリアハイの数字は残ると思いますし、逆に言えばそれがこれからの自分の中の基準になるんじゃないですかね。それを常に更新し続けていくことが目指す数字ということになっていくのかなと思

います」（『雑誌ナンバー２０２１・09・24号』文藝春秋）

この大谷選手の言葉からもわかるように、「自分史上最高記録の更新」はとてもシンプルで自分を奮い立たせてくれる魅力的な「内発的モチベーション」の典型例です。

このことに関して、モチベーション理論の世界的権威ダグラス・マグレガー博士は、こう語っています。

「外発的動機付けで勤務態度を向上させることはできない」

金銭報酬などの「外発的モチベーション」は、「内発的モチベーション」を超えることはないのです。確かに、「外発的モチベーション」は、即効性はあるのですが、長続きしません。外発的モチベーションの典型例は報酬による動機付けです。このことに関して、小学生を対象にある実験が行われました。それは、本を一冊読むごとに2ドルのお小遣いをあげるという実験です。
この条件を設定して本を読ませると、最初小学生は熱心に読書に取り組みましたが、それは長続きしませんでした。しかもタチの悪いことに、そのご褒美を止めた途端、元々自発的に読書していた子どもたちも、それ以降本を読まなくなってしまったのです。

つまり、本来ご褒美がなくても自発的に本を読むことができた小学生にご褒美をあげてしまうと、ご褒美を止めたとき、ご褒美がなくても実行できた行動そのものまでできなくなってしまったのです。

また、こんな実例もあります。アメリカのある町で子どもたちがあまりにも本を読まないため、それを解消するあるアイデアが実行されました。それは「一定期間内に本を10冊読んだら、ピザのただ券をあげる」というアイデアでした。
何人かの子どもたちはピザにありつけましたが、彼らはその期間内に、自分が興味のある本よりも薄っぺらい簡単に読める本を10冊選びました。結果として、彼らの読書量を増やすどころか、手っ取り早くピザを手に入れるための姑息な手段に走らせてしまったのです。

つまり、**読書すればピザにありつけることを知って、「読書」よりも「ピザ」のほうが価値があると考えてしまった**のです。

それなら、むしろピザを10枚一定期間内に食べたら、好きな本を一冊プレゼントするというアイデアのほうが素晴らしいのです。

なぜなら、子どもたちは好きな本が読めるだけでなく、ピザ屋も潤う一石二鳥のアイデアになるわけですから。著名な医学者ジョナス・ソーク博士はこう語っています。

「行動への最大の報酬は、その行動をさらに続けられるようになることだ」

結論です。大谷選手のようなパイオニアにとっての報酬とは、「常識を覆すパフォーマンスを実現するための行動そのもの」なのです。

chapter

2

大谷翔平選手に学ぶ夢をかなえる目標設定理論

自分史上最高の自分にめぐり逢おう

ここで、大谷選手の直近2年間（２０２１年シーズンと２０２２年シーズン）の成績を比較してみましょう。２０２１年シーズンは、打者として１５５試合に出場して、打率2割5分7厘、46ホームラン。投手として23試合に登板して、9勝2敗、防御率3・18、１５６奪三振。２０２２年シーズンは、打者として１５７試合に出場して、打率2割7分3厘、34ホームラン。投手として28試合に登板して、15勝9敗、防御率2・33、２１９奪三振。

2シーズンを比較すると、２０２２年シーズンは、ホームランは前年より減りましたが、明らかに打率が上がっているので、ほぼ互角の成績であると言えます。

一方、投手としては、2022年シーズンは明らかに前年より勝ち数、防御率、奪三振すべてで優れています。つまり、2022年シーズンは大谷選手にとってメジャー最高のシーズンだったことは間違いありません。

2021年シーズンが終わった後の記者インタビューで栗山さんは、大谷選手についてこう語っています。

「本当に、大谷翔平は2人いるんだ。メジャーのエースと言われるピッチャーになって、メジャーの4番と言われるバッターになる。それはもう想像の世界の話じゃない。すぐ近くにある現実の話なんだからね」（Number web 2021・11・20付）

大谷選手のように、あなたも1年単位で、「自分史上最高の自分」にチャレンジする具体策を策定しましょう。私が知る限り、これほど魅力的な目標設定は他に見当たりません。

すでに大谷選手は自分のキャリア全体を見据えています。2023年3月の記者インタビューで、大谷選手はこう語っています。

「自分の計算の中ではもうピークが始まっているとも思っているので、これがいつまで続くのかな、いずれは終わってしまうんだよなという気持ちもあります。ピークから下がってきたとき、僕はどういう気持ちになるのかなということは考えますね。今は上がっている状態なのでいいんですけど、ちょっと下がってきたとき、一気に気持ちが落ちてしまわないかなという、アレはあります」（Number web 2023・03・16付）

この言葉の中で大谷選手は「アレ」の説明をしていませんが、それは「恐怖感」といった感覚であると、私は推測しています。

いかに危機感を持って、自分の人生目標にワクワク感を盛り込むか。それによってあなた自身の「自分史上最高の自分」にめぐり逢える確率が変わるのです。それだけでなく、自然に切迫感が心の中に湧き上がり、具体的な行動に移せるのです。

現在はもちろん、少なくとも10年先までの自分の人生における精密な夢の設計を立てましょう。それこそが、生きているうちに、最高の自分にめぐり逢えるための生命線なのです。

小さな目標や習慣が大きな夢を実現させてくれる

多くの自己啓発書に示されている「壮大な夢を描こう！」とか、「大きな目標設定をしよう！」といった魅力的な言葉。確かに、壮大な夢や大きな目標設定を描いているときに、私たちは幸福感を覚えます。しかし、達成不可能な夢をいくら描いても、本気でそこへ向かうモチベーションは生まれてきません。

「1日単位で完全燃焼！」の覚悟を持って、自分の目の前にある「小さな行動の完遂」や、「小さな目標の実現」に果敢に取り組みましょう。小さな習慣こそが、偉大な成果を上げる必須の要素なのです。

私たちは、大谷選手が突然凄い才能を獲得したような錯覚を持ちます。しかし、事実はそうではありません。彼は小さい頃から日々小さな目標をコツコツとクリアしていくことで、凄い才能を手に入れたのです。近道はありません。このことについて、大谷選手はこう語っています。

「僕は今でも野球が好きですし、練習するのが好きです。その日の練習で小さい目標を立て—例えばピッチングで何マイル以上出すとか—それを毎日更新していくことで試合のパフォーマンスも上がっていくと思っています」（www.salesforce.com）

キーワードは、「日々小さな目標をコツコツと積み上げること」です。私は過去30年かけて、250冊以上の著書を世に出すことができました。すべて自らの手でパソコンに打ち込んだ原稿が形になったものです。ライターさんに手伝っていただいた口述筆記は一冊もありません。
よほどのことがない限り、私は午前5時に起床して、軽い朝食をとった後、午前6時から12時までの6時間を執筆に充てています。もちろん、ひたすら執筆だけをし続けているわけではありません。

ストレッチ、コーヒーブレイク、スマホやパソコンでの雑用といった執筆と関係のない他の作業も行いながら、私に与えられた午前中の時間を目一杯活用して、パソコンとニラメッコしながら原稿を書く作業を黙々と行ってきました。

典型的な理系人間である私にとって、「好きでも、得意でもない執筆作業」を、「やらなければ苦痛に感じる作業」に変えてくれたのは、紛れもなく「小さな習慣」という強力なパワーだったのです。

習慣化したかったら、少なくとも最初の2～3週間は、その作業を休みなく持続させること。

英国ロンドン大学の心理学者フィリッパ・ラリー博士は、ランチのときに果物も一緒に食べるとか、朝起きたら1杯の水を飲む、といった新しい習慣を定着させる実験を行いました。その結果95％の確率でその行動ができるようになりました。ただし習慣化されるまでには、18日から254日という幅があったそうです。

早い人は、2週間で習慣が定着するのですが、ラリー博士が調べたところ、そういう人の共通点は、新しい習慣が形成されるまでは、一貫して休みなくやっていたという事実です。

それでは新しい習慣を定着させるには、具体的にどのようにすればいいでしょう。これは当たり前のことですが、実行が簡単である行動ほど、習慣化する可能性が高まります。

行動デザインの研究の世界的権威であるB・J・フォッグ博士が作成した行動モ

デルを**図表5－1**に示します。横軸は能力であり、縦軸はモチベーションです。図の右側に行けば行くほど行動は実行しやすくなり、図の上に移行すればするほどモチベーションが高くなければ実行できないのです。

行動曲線の上側が行動可能な領域であり、行動曲線の下側が行動が困難な領域です。**図表5－1**のように、行動は繰り返せば繰り返すほど習慣化して、①→②→③のように右側に移行していき実行しやすくなるのです。たとえば腕立て伏せを例に取って考えてみましょう。

壁腕立て伏せ2回から始めると、習慣は簡単に身につくのです**（図表5－2）。**

一方、最初から腕立て伏せ20回から始めると、この行動は実行しにくいために習慣として定着する可能性は低くなるのです。

もちろん、その行動が「好きで得意」なら、行動曲線が下のほうに移行することは言うまでもありません。つまり実行しにくい行動でもモチベーションがそれほど高くないときでも習慣に定着しやすいのです。ベストセラー「バカの壁」の作者で

図表 5-1 「変化」を追跡する

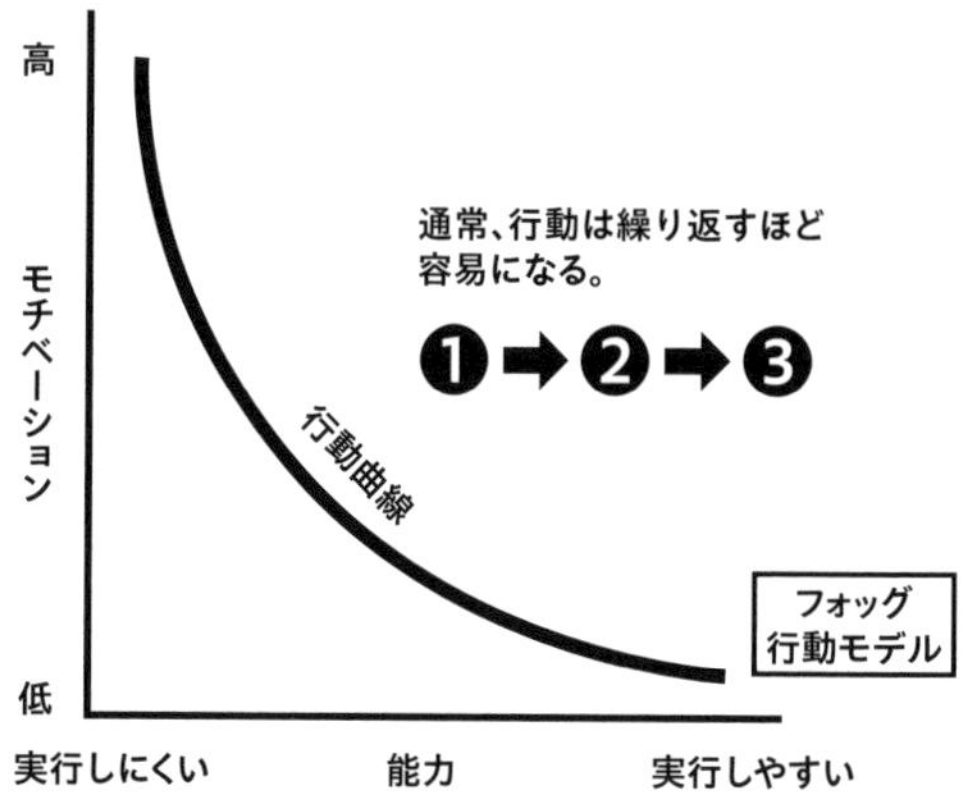

図表 5-2 毎日の腕立て伏せ

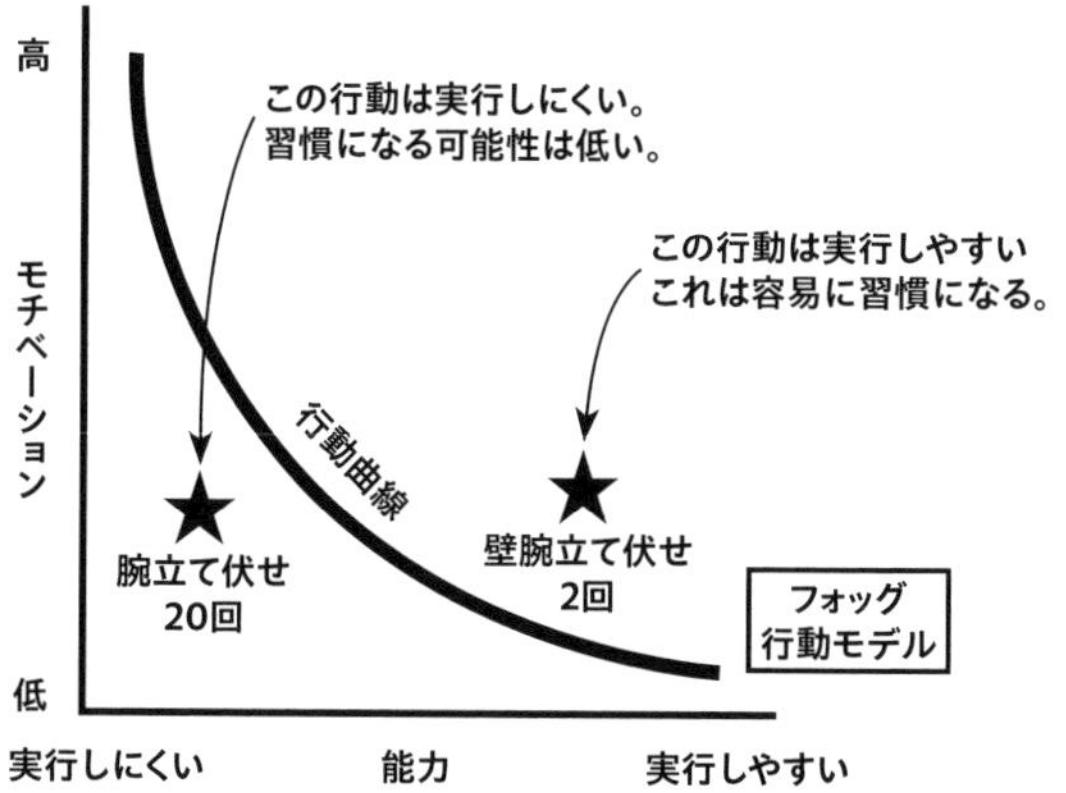

『習慣超大全 スタンフォード行動デザイン研究所の自分を変える方法』(ダイヤモンド社)より

解剖学者である養老孟司さんはこう語っています。

「自分が好きなこと、それしかやらない。そう決めるのは自分である。そう決めてちっとも差し支えない。（中略）本当に好きなら苦労をいとわない。苦労が苦労ではないからである。苦労したくないなら、結局それほど『好きではない』のである」（日本経済新聞）

大谷選手にとっても、おそらくバットを振る作業や、キャッチャーのグラブにボールを投げ込む作業は、その作業だけを捉えたら面白くない作業のはずです。それを「好き」で「得意な」作業に変えてくれたのは、紛れもなく習慣化の持つパワーを活用したからなのです。習慣化こそ、私たちの夢を実現する最強の要素となり得るのです。

「目的」と「目標」の違いを理解しよう

多くの人々が「目的」と「目標」の違いを誤解しています。辞書で「目的」を調べてみると、「最終的に目指す到達点」と記されています。一方、「目標」は、「目的を達成するために設けた手段」となっています。

私の知る限り、大谷選手は、自分の人生の目的について明確には語っていません。しかし、彼のさまざまな発言を分析した私の見立てでは、「自分史上最高の投手と打者になる」ことにつきるのではないかと思います。これは引退するまでバージョンアップしていけるもの。つまり、この目的にはゴールというものがないのです。

一方、大谷選手の目標は、たくさん存在します。彼は自分の目標についても明確に語っていませんが、私が推測するには、「今シーズンのメジャーリーグのMVPになる」「今シーズンホームラン王になる」「今シーズン最多勝投手になる」といった複数の目標になるでしょう。目標には必ず期限がつきます。つまり目標は自分の目的を実現するための道しるべなのです。

目的と目標で重要なのは、目標のほうです。「人生の目的」を言い換えると、「抱いた夢の実現」という表現が近いでしょう。実は、目的は少ないほうがいいのです。

一方、「人生の目標」を言い換えると、「日々の行動」になるでしょう。目的と違い、目標はたくさんあったほうがいいのです。なぜなら小刻みに多くの目標を設定すると、今自分がどの位置にいるかが客観的に測れるからです。

たとえば、大谷選手の「ホームラン」というテーマの目的は、「できるだけ多くのホームランを打つこと」になります。一方、目標のほうは「投手の投げたボールをバットの芯で捉えること」になります。どちらが大事か？　もちろん、大事なのは「目標」です。

皆さんは不思議に思われるかもしれませんが、大谷選手はホームランを打つことを目的にはしているけれど、「ホームランを打ちたい！」という意識はあまりありません。なぜなら、それは自分でコントロールできないからです。

目標であるバットの芯でボールを捉えることは日々の練習でその気になればコントロールできます。つまり「ボールをバットの芯で捉える」という目標は自分の身体とつながっているのです。「バッターとして心掛けていること」について、大谷選手はこう語っています。

「自分の理想のバッティングというのは、データを活用しないのがベストだと思っているので、相手が何を投げてくるとか、どこに投げてくるとか全然関係なくて、ベース盤の上を通るボールを何も考えずにホームランに出来るというのが究

極のスタイルじゃないかと思っている」（NHKスペシャル「メジャーリーガー大谷翔平自ら語る挑戦の1年」）

「目的は目標を次々に実現したご褒美でしかない」と、私は考えています。自らの行動を通して目標を次々に実現して、初めて目的達成というご褒美が手に入るのです。私は、イギリスの作家ロバート・スティーブンソンの以下の言葉が大好きです。

「希望に満ちて旅行することが、目的地に到着することより、良いことである」

「夢を実現する」という目的だけに酔っている人は、大抵目的を実現することはできません。なぜなら、この人は目標を軽視しているからです。

結論です。理屈抜きに目的の実現に導いてくれる日々の小さな目標を設定して、その目標を達成するための行動を起こして確実にそれをやり遂げる。これこそ、あなたの夢実現という目的を達成する、ひょっとしたら唯一の具体策かもしれません。

「なりたい自分」を視覚化して行動を起こそう

私は過去30年以上にわたり、大谷翔平選手はもちろん、イチローさんやタイガー・ウッズといった一流のアスリートの思考・行動パターンを分析してきました。私がこの本で強調したいのは、大谷選手の思考・行動パターンを自らの人生に適用すれば、誰でもその道の一角の人物になれるという事実です。

スポーツ心理学において、「視覚化」ほど夢をかなえてくれる要素は見当たりません。もしもあなたが自らの潜在能力を発揮したかったら、「視覚化」を駆使することは必須です。しかし、残念ながら、このパワーを信じて「視覚化」を活用している人はそれほど多くありません。

つまり、「視覚化」はスポーツ界のみならず、ビジネス界においても成功者たちが活用している強力なツールなのです。

「視覚化」とは、自分の未来の理想像をできるだけリアルに描くスキルのこと。脳という臓器は、言語よりも非言語の処理を圧倒的に得意とします。ですから、言葉で考えるよりも視覚でイメージするほうが、脳が実現しやすいのです。大谷選手はこう語っています。

「知らないところでやるときはワクワクしますね。プロ野球の世界に入るときもそうでした。もっともっと自分よりすごい選手がいるんだろうなと思って、ワクワクしたのを覚えています。（中略）僕はどちらかと言うと、高過ぎるところを想像する性格。自分のイメージを高い場所へ持っていくところがあります。だか

ら、自分の知らないことに向かうときって、ワクワクしてしまうんでしょうね」

（『道ひらく、海わたる　大谷翔平の素顔』扶桑社）

大谷選手は小さい頃から繰り返し「メジャーリーガーになって投打で大活躍しているシーン」を頭の中で描いていたから、その夢が実現したのです。私はこの作業を「未来の自分の映画を見る作業」と呼んでいます。

夢を見るだけで描いた自分になれるほどこの世の中は甘くありません。

大切なのは夢を実現した未来の自分像を頻繁に描きながら、それを実現するための行動を起こし、さらに習慣化させることです。

日本人は「勤勉」とか「努力」といった言葉が大好きです。しかし、いくら必死に頑張ったとしても、脳内に「目標」を鮮明に描くことができなければ、たとえ才能があったとしても、夢をかなえることなど、ほとんど不可能です。

大谷選手は成功を手に入れるためのお手本を私たちに示してくれています。その秘訣を理解して行動を起こせば誰でも一角の人物になれるのです。

控え目な目標設定は厳禁

２０１６年シーズン前、大谷選手はその年の目標についてこう語っています。

「20勝&20本です。20勝は軽く言える数字ではないですし、1年目じゃ言えなかった。20勝して20本打てば、日本一にも近づくんじゃないかと思いますし、そう言って喜んでもらえるなら言いますよ」（『不可能を可能にする大谷選手１２０の思考』ぴあ）

大風呂敷とワクワクするような目標設定は紙一重なのです。日本の社会では、まだまだ「目標実現」を重視します。しかし、それを優先すると、小さな成功で満足してしまいます。結果、組織のモチベーションの最大化も期待できません。

多くの心理学の実験によれば、控え目な目標設定で目標実現を優先するグループのリーダーは、メンバーに舐められるだけでなく、それ以降メンバーは、そのリーダーの指示に従わなくなるという結果が出ているのです。

日本人と欧米人の思考パターンの違いはいくつかありますが、減点主義の日本人と加点主義の欧米人、というのもその一つでしょう。たとえば、少年野球の現場で日本のコーチは、「選球眼を鍛えて四球を選んで塁に出ろ！」と、アドバイスします。

確かに、ミスを最小限に減らしてなんとか塁に出る選手は、一定の成果を上げることはできますが、大きな成果を上げることは不可能です。もちろん、組織にはある程度貢献できますが、この選手が一流プレーヤーになることはありません。

一方、欧米のコーチは、「三振してもいいから思い切りバットを振ってこい！」と、アドバイスします。失敗を厭わず、果敢に行動に出る欧米の選手は三振も多い反面、ホームランも多いのです。

どちらが大きな成果を上げることができるか。もちろん、後者であることは言うまでもありません。三振という失敗とホームランという成功を天秤にかけて、ホームランを打つという大きな成果を求め続ける選手こそが大成するのです。

欠点を修正しても、それは武器にはなり得ません。得意なもので勝負することに命を懸ける。それこそが、その人間の武器になり、大きな成果を上げる大切な要因なのです。

欧米のビジネス界では、「生きているうちに達成できるような目標の水準は低過ぎる」という教えが浸透しています。大事なことは「目標を実現すること」ではなく、「グロスの成果を最大化するような目標を掲げること」なのです。

テーマを絞り込むだけ絞り込んで深掘りしよう

なぜ大谷選手が超一流のメジャーリーガーになり得たか？ それは執拗なまでに「メジャーリーガーになりたい！」というミッションを強く意識して、自分の人生のほとんどの時間をかけて追い求めたからです。彼から野球を取り除いたら、私たちと同じどこにでもいる普通の人間です。

この世の中には、強力な成功法則が存在します。それは、**あなたが評価されるのは、あなたが一番得意としているスキルだけ**、という事実です。言い換えれば、あなたの二番目の得意技はまったく評価されないのです。

最大の得意技を洗練させることに、自分にとっての最大の資本である人生の時間をどれだけ注げるか、それこそが成功を手に入れる生命線なのです。このことについて、大谷選手はこう語っています。

「いいバッティングをしたい。いいピッチングをしたい。それをいつも望んできました」(『大谷翔平 二刀流の奇跡』辰巳出版)

あなたにとって世の中に誇れる最大のスキルは何でしょう。もしもそれがなかったら、最大のスキルにしたいものは何でしょう。それをスマホのメモ機能かスケジュール帳に1行で記入しましょう。

この世の中で自分の存在を認められたかったら、得意なことにあなたの全エネルギーを集中させてください。これほど単純で強力な成功法則はないのです。炎天下に新聞紙を置いても燃えることはありません。しかし、凸レンズで太陽光線を集めると、新聞紙は簡単に燃え始めるのです。大谷選手の最大の武器は二刀流です。そのことについて、大谷選手はこう語っています。

「両方やることは大変だとよく言われますけど、単純に練習を二倍やるわけではありません。トレーニングで言えば、投手と野手、両方に共通するようなメニューを一貫してやる。技術的な部分では、ピッチングもあればバッティングもあるので、その二つをやらないといけないですけど、単純に練習量が増えるというわけではないんです。みなさんが考えている以上に効率よく練習をしていました」

（『道ひらく、海わたる 大谷翔平の素顔』扶桑社）

大谷選手は投手と打者、二つを追い求めているように見えて、実はその二つは関連して成熟していくものなのです。

大谷選手は「メジャー最高のバッターやピッチャーになる」という大まかなテーマを持って臨んでいるわけではありません。それはあくまでもご褒美であり、テーマではないのです。大谷選手のテーマはたくさんあるのです。

たとえば、それらは「メジャー最高のスイーパーを投げて打者を三振に討ち取る

図表6 夢実現ノート

1、あなたが過去に体験した「素晴らしい瞬間」を記入しましょう。

2、あなたが実現したい夢を記入しましょう。

3、その夢を実現するための具体策について簡単に記入しましょう。

☆行動　1

☆行動　2

☆行動　3

4、実現する期日を記入しましょう。　　年　　月

『奇蹟の「スピリチュアル脳」発見ノート』(東邦出版)より

ピッチャー」であり、「飛んできたボールをバットの芯で捉えてバックスクリーンに放り込むバッター」です。

大谷選手が「マンダラチャート」（目標達成シート）を使っていることは有名ですが、私も「夢実現ノート」**（図表6）**というものを作成して、多くの学生さんやビジネスパーソンに活用してもらっています。このノートの特徴は、あなたの過去の成功体験を意識しながら、実現したい夢に向かって具体的な行動を取るために作成されたものであるということ。

まず一番上にあなたが過去に体験した「素晴らしい瞬間」を記入しましょう。日々その瞬間を思い出す習慣を身につけることにより夢に向かって行動する意欲が湧いてくるのです。

次にあなたが実現したい夢をできるだけ具体的に記入しましょう。

そして、3番目にその夢を実現するための具体的な行動をリストアップしてください。この用紙を活用して、テーマを絞り込めるだけ絞り込んで、それを深掘りしましょう。これこそ、この競争社会で勝者になる必須の要素なのです。

大きな夢は小さな目標の総量である

大きな目標は小さな目標の総量です。大きな目標よりも小さな目標を着実に一つずつクリアすることにやり甲斐を見出してください。1年先の目標よりも日々の目標を完璧にこなすことに全力を尽くすのです。日々の練習の中で行っていることについて、大谷選手はこう語っています。

「いくつかのパターンの中で、これがいいのか、あれがいいのかを1日に一つだけ、試していく。一気に二つはやりません。で、これはよかった、こっちはどうだったと、毎回、試していく感じです。それを毎日、ｉＰａｄに書き留めています」

（『雑誌ナンバー2020・05・21号』文藝春秋）

大谷選手であっても、日々の小さな満足感や充実感を大事にしてきたから偉大なメジャーリーガーにまで昇り詰めることができたのです。一流の人たちの共通点は、小さな進化にとても敏感で、それをやり甲斐にして着実に進化していくことです。

一方、多くの人々は、努力の見返りをできるだけ早く得ようとします。そして行動しても、その結果がすぐに表れないと、簡単に行動を止めてしまうのです。

桜の木は毎年3月下旬になると、見事な花を咲かせます。花を咲かせる直前まで、桜の木は表立って変化はありません。だからといって桜の木が何も変化していないわけではないのです。桜の木の内部で着実に花を咲かせる準備が行われているのです。

それと同じように、「夢」という名の木もいずれ花咲く日が来るのです。問題は、桜の木と違い、いつ花が咲くか、まったくわからないということ。しかし行動を地道に積み重ねることにより、内部では開花の準備は着実に進んでいるのです。

そのことを知っているか、知らないかでその人間の運命が大きく変わるのです。たとえ日々大きな成果が上げられなくても、小さな行動を淡々と持続して、夢という木の花を咲かせることを強く願いながら目の前の作業を丁寧にやり遂げることを快感にしましょう。そういう心構えがあなたの夢を実現してくれるのです。

あなたの潜在能力に気づいていないのは、他ならぬあなた自身です。残念ながら、多くの人々が自分の潜在能力を過少評価し、自らの可能性を閉ざしているのです。その結果、ほとんどの人がその潜在能力を眠らせたまま、一生を終えるのです。こんなもったいないことはありません。

ウカウカしていると、あなたに与えられた生きている時間はアッという間になくなってしまいます。時は、今も着実に刻まれ続けています。

日々の練習の工夫について、大谷選手はこう語っています。

「休んでいる間でも『こういうふうにやってみようかな』と閃いたりすることがあります。ノートに書くこともありますが、僕はそのままウエイトルーム、室内練習場へ行って、その閃きを試すことが多いですね」（『道ひらく、海わたる　大谷選手の素顔』扶桑社）

大谷選手と同じくらい目の前の仕事に情熱を注ぎ込んで特異なスキルを獲得したら、あなたもすぐに一流の仲間入りができるのです。大谷選手が二刀流で自分の限界にチャレンジしているのと同じように、あなたが目の前の仕事の井戸を深く掘り続けることができるなら、夢の実現はそれほど難しいことではないのです。

chapter

3

大谷翔平選手の成功思考の秘訣を教えよう

自分を絶対評価する習慣を身につけよう

２０２２年10月５日、この日大谷翔平選手は、今季最終戦となった対アスレチックス戦に「３番・投手兼ＤＨ」で出場します。メジャー史上初の歴史的瞬間は静かに訪れます。１回２死、97マイル（約１５６キロ）のツーシームで３番ブラウン選手を三ゴロに討ち取り、投球回が１６２イニングとなり、規定打席（５０２打席）と合わせたダブル規定回を達成したのです。試合後、大谷選手はこう語っています。

「本来は（規定投球回に）こだわりはないですけど、本当にやってみないと分からない。（投打）二つやっている段階で（規定に）乗るかどうかが、自分として

目指すべき数字なのか。それが分かったのが良かった」（サンスポ2022・10・06付）

大谷選手は、自分自身のパフォーマンスの評価を結果ではなく、すべて内面から湧き上がってくるものにより下します。何事もすべて自分で決める。大谷選手は、この成功法則を人生を通して貫いているから、結果に関係なく自分を納得させることができるのです。このことに関して、大谷選手はこう語っています。

「誰を、ということじゃなく、自分の中で課題を消化するのが野球の面白さなのかなと思います」（『不可能を可能にする大谷選手120の思考』ぴあ）

たとえば、大谷選手は思い通りの投球ができなかったとき、たとえバッターを討ち取ったとしても満足しません。そこで「なぜ思い通りに投げられなかったのか？」について深く内省するのです。それこそが、成長のチャンスであると、彼は確信しています。なぜなら、過去のキャリアで、内省が成長につながったという手応えを数多く経験しているからです。

結果に一喜一憂しているうちは、一流人の仲間入りなんて到底不可能です。相対評価ではなく、自分の力量を絶対評価することを大谷選手は大事にしているのです。

これを象徴する大谷選手の言葉を紹介しましょう。


「今の相手と今後10年、20年、ずっと対戦していくのなら、このバッターを倒すために必死になるとか、このピッチャーを打ち崩そうかと思うのかもしれませんが、相手も時代も変わりますし、若い世代が入ってくれば対戦相手もどんどん変わるんです」（『不可能を可能にする大谷選手120の思考』ぴあ）

大谷選手は常に自分を絶対評価する習慣が身についているから、どんな結果になっても、一喜一憂することがないのです。最終的には何事も広い視野を持って、自分の物差しで決定する。これは覚えておいてよい成功法則です。

これが「ポジティブ思考」の神髄

今「ポジティブ心理学」が注目されています。この世に生を受けたあなたに与えられた時間をいかに幸福感を持って過ごすか？　これは誰にとっても、とても重要です。そのヒントを大谷選手は私たちに教えてくれます。彼ほどポジティブ思考の持ち主はなかなか見当たりません。あるとき、彼はこう語っています。

「良くても悪くても、どんどん変えていくっていうのは良いところじゃないかなと思いますね。なんて言うんだろう……現状を守りにいかないという性格ではあるので、まあ、すごくいい状態のときでも、それを維持していこうというよりも、

それを超える技術をもう一つ試してみようかなと思う。挑戦してみようかなというマインドがあるのは、得なところだと思います」（『道ひらく、海わたる 大谷翔平の素顔』扶桑社）

多くの人々が「ポジティブ思考」とは、物事の良い面だけを見て楽観的になること」と考えています。しかし、それは明らかに間違っています。

真のポジティブ思考とは、「物事をありのままに受け止めて、それをより良くするために全身全霊をかけてベストを尽くすこと」なのです。

著名な心理学者で「ポジティブ心理学」の権威であるタル・ベン・シャハー博士は、「4つの幸せモデル」を提唱しています。これを簡単に解説しましょう。彼はそれらを「至福型」「快楽型」「出世競争型」「悲観型」と名付けました。**図表7**にそれを示します。

図表7　4つの幸せモデル

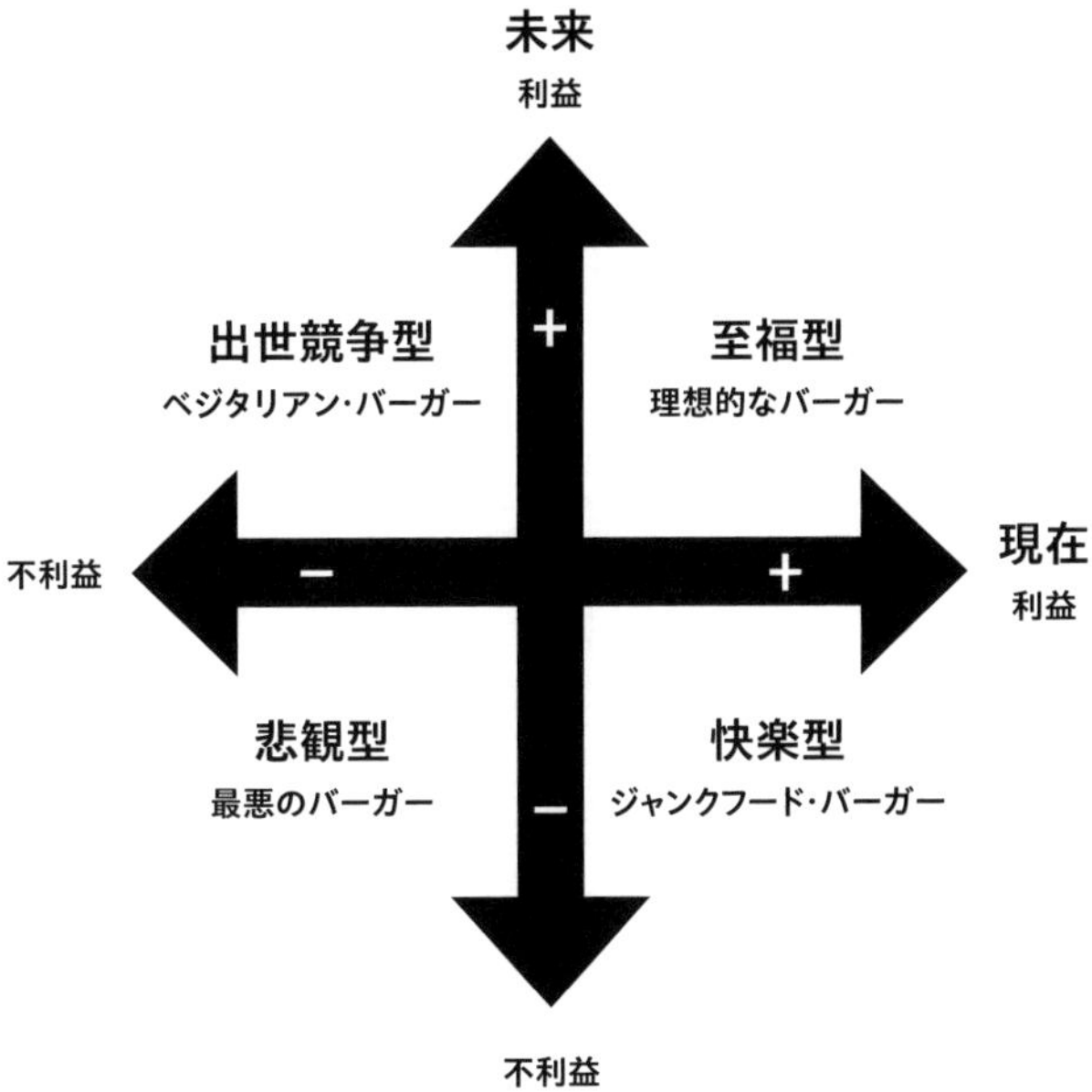

『HAPPIER 幸福も成功も手に入れるシークレット・メソッド』(幸福の科学出版)より

横軸は現在の利益と不利益であり、縦軸は未来の利益と不利益です。それぞれの領域の特徴を、ハンバーガーで示しています。4つのタイプを簡単に解説しましょう。

1．至福型の人間

このタイプの人間は未来の利益だけでなく、現在の利益も獲得しています。彼が食べるのは、「理想的なバーガー」です。栄養バランスが整っているだけでなく、味も申し分ないバーガーです。もちろん、大谷選手がこのタイプの人間であることは言うまでもありません。

大谷選手は未来をみすえながら意欲的に練習に取り組み、ハッピーな気分を維持しながらゲームを楽しんでいるから、凄いパフォーマンスを発揮できるのです。

前述の通り、彼が行っている練習は「やらされる練習」ではなく、自主的に立案した納得できる練習メニューです。当然のことながら、それが彼の輝かしい成績やパフォーマンスを実現している大きな要素なのです。

2. 出世競争型の人間

このタイプの人間は、努力においては「至福型の人間」にひけを取りません。しかし、それはあくまでも「やらされる練習」であり、とても不快な心理状態で行っているため、時間をかける割に、その効果は期待できません。彼らが食べているのは「ベジタリアン・バーガー」です。健康には良いが、美味しくないバーガーです。

つまり、彼らのモットーは「痛みなくして成長なし！」という古いタイプの信条であり、現在の喜びを犠牲にして未来の喜びを獲得しようとします。

もちろん、「快楽型の人間」や「悲観型の人間」よりも未来の利益を得られますが、「至福型の人間」のそれには到底かなわないのです。

3．快楽型の人間

このタイプの人間は、現在の快楽を優先させるせいで長い目で見ると、不幸や苦痛がもたらされます。

彼らが食べているのは、そこそこおいしくて手っ取り早く空腹を満たせるけれど、健康に悪影響をもたらす「ジャンクフード・バーガー」です。

彼らは、目標もなく、ひたすら快楽だけを追求するため、成長はほとんど期待できません。それどころか、堕落して惨めな未来が待ち構えている可能性もあるのです。

4．悲観型の人間

このタイプの人間は4つのタイプの中で、もっともモチベーションが低いのです。

過去の失敗に囚われ、今もこれからも自分が幸せになることなど無理だと思い込み、すべてに投げやりになっています。

彼らが食べているのは、まずいだけでなく健康にも悪影響を及ぼす「最悪のバーガー」です。当然のことながら、彼らは成長するどころか、奈落の底に落ちていくのです。

結論です。これからの時代で成功を収める人間は、間違いなく大谷選手のような「至福型人間」なのです。

良くないことを好転させる大谷選手の心理から学ぶこと

大谷選手は、常に自分が「楽しいかどうか」という判断基準に照らし合わせて物事を決定します。もちろん、彼にはプロに入る前からの座右の銘である「何事も〝楽しい〟よりも〝正しい〟で判断する」という判断基準が存在します。

つまり、最初の判断基準である「正しい」をまず最優先させて、正しいものの中から「楽しいこと」を見つけ出して、行動の最終判断をするという感覚なのです。

この行動が正しいかどうかをまず自分で判断して、それらの中から楽しいものだけをピックアップして、優先度の高い行動から率先して行っていく。これこそが大谷選手の行動パターンを支えているのです。

メジャー1年目の2018年シーズンに、大谷選手は6月に肘の違和感を覚え、DL（故障者リスト）入りとなります。そして、それから88日後の9月2日、敵地アストロズ戦で大谷選手はマウンドに上がります。

そしてその2回、アストロズの6番打者、マーウィン・ゴンザレス選手の打ったピッチャーフライに思わず大谷選手は右手を差し出し、ボールが右手薬指を直撃。3回に大谷選手の投げる球速が落ちたため、この回で降板となります。これが結果的にトミー・ジョン手術につながったのです。このことについて大谷選手はこう語っています。

「バッターを抑えられるのかどうかもそうでしたけど、この状態で投げていて、自分の中に楽しいイメージが湧くかどうか……それは打球が右手に当たったこと

とは関係ありません。試合前から違和感がありましたし、それは普通なら試合で投げられる程度のものでした。その原因が靭帯にあるなら、そういうピッチングが楽しいのか。今までも張りを感じたときに球速が落ちるなと感じたことはありましたし、これから先発ピッチャーをやっていく上で、それではこっちのバッターを抑えられません。あの試合、投げていてそういうイメージしか湧かなくて、これは楽しくないなと思ったんです」（『雑誌ナンバー2018・10・25号』文藝春秋）

トミー・ジョン手術を最終的に決断したのは大谷選手です。もしもこの手術をしなかったら、ピッチャーとして投げていて楽しめない。その判断基準を彼は最優先させたのです。

前に紹介したように心理学のさまざまな実験で、「行動した後悔」よりも「行動しなかった後悔」のほうが悔いが残るという結論が出ています。このことについても、大谷選手はこう語っています。

「もしもあの9月2日の試合に投げていなかったら、結論を来年に持ち越して、キャンプで投げてやっぱりダメだとなって、来シーズンの1年間何もできなかったかもしれません。そうやって考えると、何がよくて、何が悪いのかなんてわからないと思うんです。こういうことになって、手術を受けることに決めた……それ以外のことは何もない。そこにタラレバはないんです」（『雑誌ナンバー2018・10・25号』文藝春秋）

あなたの人生には、よいことばかりが起こるわけではありません。むしろ、予測し得ないよくないことが起こる。それが人生です。

あらかじめ、「これだけは譲れない！」という判断基準を決めておく。そうすれば、どんな不測な事態が起こっても、後悔を最小限に抑えることができます。

このとき、正しいかどうかはもちろん、大谷選手のように楽しいかどうかを最終の判断基準にすることにより、後悔を最小限に抑える決断ができるのです。

ハワイ大学の心理学者エレイン・ハイビー博士によると、よくないことに見舞われてもモチベーションを落とさず着実に成果を上げるタイプが存在するそうです。彼らの共通点を探ると、**「自分を褒める能力」**であることが突きとめられました。

自分で自分を褒めることは、その気になれば、すぐにでも実行できます。

具体的には、就寝前の10分間を活用して記入する、「自分を褒める日記」（**図表8**）を活用しましょう。やり方は簡単です。その日自分が行った善行をできるだけ簡潔、かつ具体的に記入すればいいのです。

記入項目は3種類。**「今日、自分が一生懸命やれたこと」「今日、自分が他人にしてあげた善行」「今日、ありがとうと言えたこと」**について具体的に記入していきましょう。

普段から自分を褒める習慣を身につけることにより、意外と逆境耐性のある人間になれるのです。

図表 8　自分を褒める日記

今日、自分が一生懸命やれたこと

今日、自分が他人にしてあげた善行

今日、ありがとうと言えたこと

よかった「行動」を具体的に褒め、相手の承認欲求を満たそう。

『やる気と笑顔の繁盛店の「ほめシート」』(ディスカバー。トゥエンティワン)より改変

これがポジティブ思考の重要性

ポジティブに物事を考えるスキルが大谷選手の成功を支えています。大谷選手の以下の言葉がそれを私たちにわかりやすく教えてくれます。

「バッターは3割を打ってすごいと言われますけど、やっぱり一度のミスもなく打率10割のときに１００％と思えるんじゃないですかね」（『道ひらく、海わたる　大谷翔平の素顔』扶桑社）

ほかのバッターなら3割打てば満足するところを大谷選手が満足しない理由が、この言葉から読みとれるのです。つまり、ポジティブ思考とは、大谷選手のように、高い志を持って中途半端なことで妥協しないことなのです。

普段からポジティブな情報を頭の中に叩き込んでおけば、自信が満たされることによって、いいスパイラルが起こるのです。

自動車の運転では、ポジティブな意識よりもネガティブな意識を持つことが求められます。なぜなら、運転中は、いつ飛び出してくるかもわからない子どもや、車の横を並走している自転車など、重大事故につながる最悪の状況に注意すべきだからです。

ところが、実際には「ネガティブな意識を持てば持つほど事故を起こす確率が高い」という調査結果が出ているのです。その理由は、以下の通りです。

ネガティブ思考の運転者はポジティブ思考の運転者に比べて視野が狭くなり、結果通行人や自転車に乗っている人の存在を、自分が運転する自動車が至近距離になるまで気づかず、重大事故を起こしてしまうのです。

つまり、運転に限らず、思索においてもポジティブ思考が視野を広くして斬新なアイデアを獲得する上で、とても有利なのです。

私たちは、相反する二つの感情を、同時に抱くことはできません。つまり、喜びや興奮といったポジティブな感情と、怒りや抑うつといったネガティブな感情を、同時に味わうことはできないのです。

物事にはポジティブな面だけでなく、必ずネガティブな面が存在します。物事を**図表9-1**のように両方の視点で把握することにより、ポジティブな面に浮かれることもなく、あるいはネガティブな面に過剰反応して不安や恐怖を覚えることもないのです。

図表9-2のように両方の視点を交え、テーマに沿ったポジティブ要素と、ネガティブ要素を紙に書き出してみましょう。

不安を克服するには、その不安と相反するポジティブな感情をぶつけてやれば、

図表 9-1 「新規事業を立ち上げる」というテーマで考えてみる

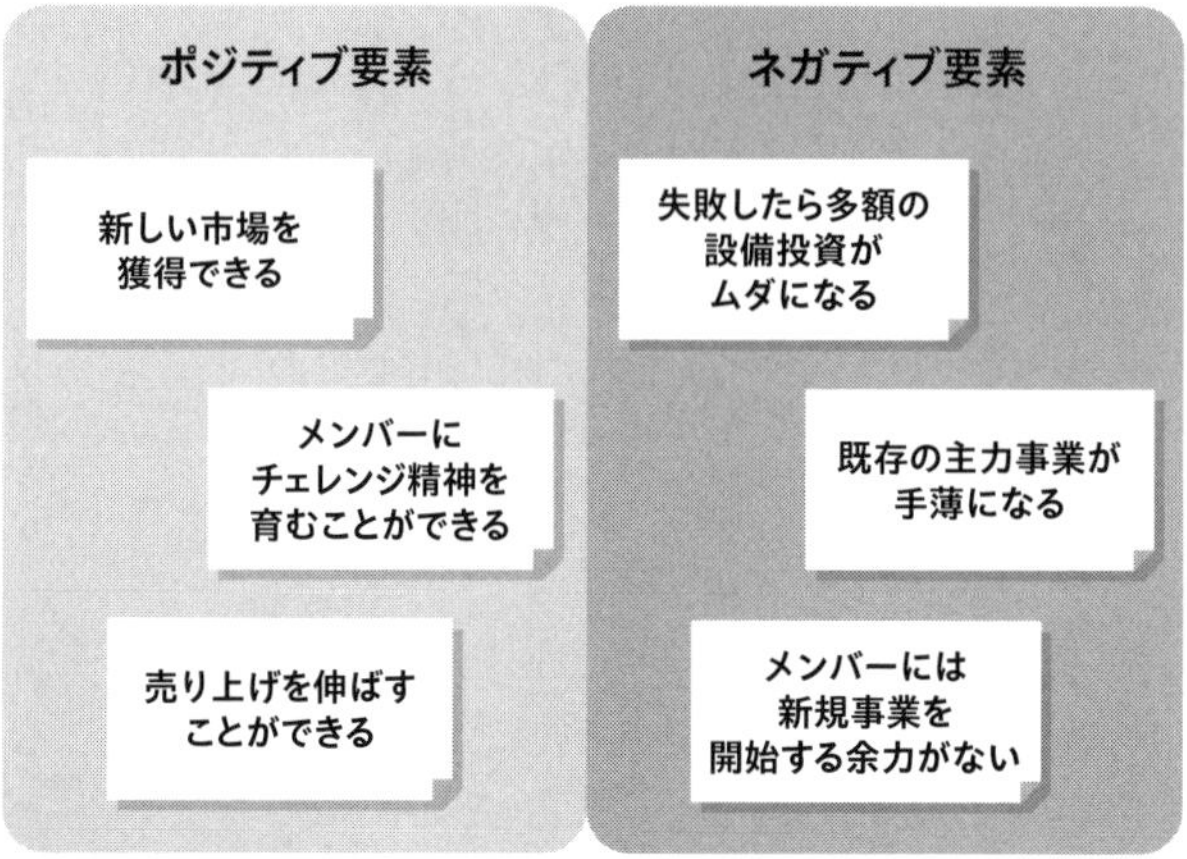
ポジティブ要素
新しい市場を獲得できる
メンバーにチェレンジ精神を育むことができる
売り上げを伸ばすことができる
ネガティブ要素
失敗したら多額の設備投資がムダになる
既存の主力事業が手薄になる
メンバーには新規事業を開始する余力がない

図表 9-2 両方の視点で考えてみる

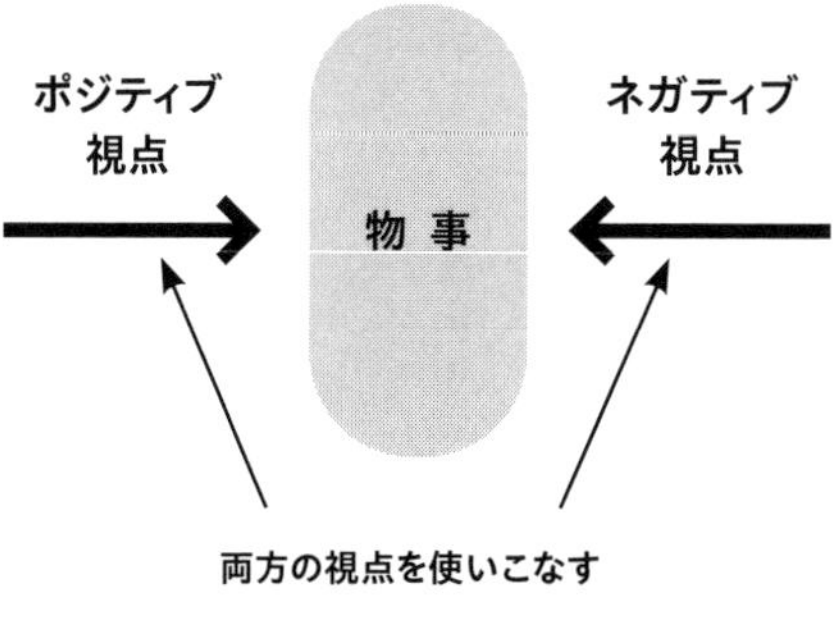
ポジティブ視点
物事
ネガティブ視点
両方の視点を使いこなす

『思考法図鑑』(翔泳社)より

不安は案外消えてしまうのです。これを心理学では「打ち消し効果」と呼んでいます。

ノースカロライナ大学の心理学者バーバラ・フレドリクソン博士は、この打ち消し効果を、実験により確認しています。フレドリクソン博士は、まず95名の大学生に、「これから3分間のスピーチをしてもらいます。1分間で準備をしてください」と告げました。実は、これは、不安や緊張を高めるための操作でした。

次に、フレドリクソン博士は、心地よさを引き出すビデオを観賞させました。浜辺に波が打ち寄せる映像や、仔犬が無邪気に走り回っているビデオを見せて、心地よさや楽しさを引き出したのです。

すると、スピーチをすることで高まっていた学生たちの不安や緊張が、ほんの20秒ほどのビデオ鑑賞によって見事に消滅したのです。

野球の面白さについて、大谷選手はこう語っています。

「全部できるようになったらおもしろいなという、その感じがいいんです。子どもの頃と一緒なんですよ」（『雑誌ナンバー２０２０・03・26号』文藝春秋）

つまり、不安や緊張を感じたら、子どもの頃を思い出し、楽しいことや愉快なことを考えるという原点に還ればいいのです。「打ち消し効果」は不安や緊張を解消する効果的な具体策であるというのは覚えておいてよい心理法則です。

好奇心を膨らませて積極的に行動を起こそう

大谷選手のような成功者たちの共通点は、徹底して量をこなしている、ということ。「成功確率は理屈抜きに試行回数で決まる」と、私は考えています。自分が定めた成功というゴールにたどり着きたかったら、目の前の作業における試行回数を増やすしかないのです。

たとえば、ここに「成功率が1％」の困難な作業があったと仮定します。この作業を2回繰り返すと、成功率は約2％に増加（100％－（99％×99％）＝1・99％）します。

その後も試行を繰り返せば、成功確率は着実に増えていき、試行回数が100

回のときは、63％を超え、459回繰り返すと、99％にまで到達するのです。

これはあくまでも理論上の数値ですが、試行回数を増やすことが成功に着実に近づく強力な要素であるとわかるはずです。そのことについて、大谷選手はこう語っています。

「やればやるだけ洗練されていくものだと思うので……そこは数をこなしていくのが大事なのではなくて、数をこなす分、よかった、悪かった、の回数が増えていくことで、それがより洗練されていくことにつながっていくんだと思います。数が決まっているとそこまで辿りつけなかったり、自分が思うスイングができなかったりということが出てきてしまいますから……」（『雑誌ナンバー2019・6・27号』文藝春秋）

あなたの人生の中で、成功した回数ではなく、実行した行動の数を誇ってください。

人生における夢の実現は、「描いた夢の数ではなく、あなたの行動の数で決まる」

けるのです。**成功確率の低い夢でも、単純に行動の数を増やせば、いずれ夢にたどり着くのです。**

2021年、ウイスコンシン大学の研究者を中心にした研究グループが、天才のパーソナリティについて調査しました。研究チームは、過去に実施された天才に関する複数の調査から約8000人のデータを調べたそうです。

この調査が定義した「天才」とは、同世代の人間よりも知性が突出した人たちを指します。ジャンルは、数学や語学の成績はもちろん、芸術的な分野における想像力、哲学的な思考の深さなど、さまざまな知的ジャンルに及びました。

その結果判明した彼らの共通点は「開放性の高さ」でした。

開放性という言葉は、パーソナリティ研究の用語であり、未知のテーマにポジティブな興味を持ち、それに対して具体的な行動を起こせるかどうかを示す性格を意味します。その開放性を示す大谷選手の言葉があります。

「ピッチャーだけをしていたら、ピッチングでしか経験できない発見があるわけですけど、ピッチングをやってバッティングをしていれば、楽しい瞬間はいっぱいあるんです。そういう瞬間が訪れるたびに、僕は投打両方をやっていて『よかったなあ』と思うんじゃないですか」（『道ひらく 海わたる 大谷翔平の素顔』扶桑社）

つまり、天才とはイコール「好奇心」に溢れた人間なのです。**私たちが成功にたどり着くための二つ目の要素は、「多様」です。**いくら試行回数を増やしても、同じことを繰り返すだけでは成功にはたどり着けません。チャレンジの多様化が必須要素なのです。

しかし、それではまだ「さまざまに試行しているだけ」に過ぎません。**行動の量を効率よく成功に導くには、３つ目の要素である「察知力」が必要**となります。

察知力とは、自分の身の回りの小さな変化を見逃さないスキルです。大谷選手は、バットのスイングにおいて並のバッターが気づかないようなほんのわずかな違いを察知するスキルを日々の鍛練によって身につけています。

実はイノベーションを起こす人間ほど観察に時間を費やすことが判明しています。つまり、優れたイノベーターたちほど、仕事上の小さな変化を敏感に察知し、それによって誰も真似できないアイデアを生み出しているのです。これも好奇心なくしては、不可能な作業であると言えます。

パリの警察学校の壁には一世紀以上前から一つの警句が掲げられています。

「脳は外界の特異なものを見つけ出す。しかし、それはすでに脳に存在しているものだ！」

前例のないアイデアを創造する人間ほど、身の回りの特異なものを察知する能力が高いのです。

成功にたどり着くには、まず好奇心を膨らませて試行回数を増やしていくだけでなく、試行するテーマに多様性を持たせることも必須なのです。

これが好奇心を膨らませる特効薬

それでは好奇心を膨らませる具体策は何でしょう？

マインドセット研究で有名なキャロル・ドゥエック博士のグループは、８６４人の男女を集め、全員に「普段からどれだけ自問しながら生活しているか？」という質問に答えさせました。

たとえば、何かに行き詰まって袋小路に入ってしまったとき、「自分にできることは何か？」「もっとうまくやるには？」と自問したり、学習に進歩がないと感じたときに「もっといい方法はないか？」「先に進むために何ができるか？」と自問自答しているかどうかを調査したのです。

その結果、日頃から自問を繰り返す人ほど学校の成績が良かっただけでなく、健康、貯金などの目標の達成率も高く、実験室で行われた認知テストの結果も優れていたのです。自問自答を習慣化することにより、私たちは二つの重要なスキルを獲得する可能性が高まります。まず一つ目はメタ認知（自分が認知していることを客観的に把握し、制御すること）による視野の拡大です。自分のキャリアを通してやるべきことについて、大谷翔平選手はこう語っています。

「『自分はこういうものを築いてきたというものが最後にある』ということを一番大事にしたいと考えています。変な話、100勝して何もないより、最後に1勝して、そのときにすごいものを発見できたほうが嬉しいのかなと思うので……プロ野球選手にとって勝ち続けることは大事ですけど、それとは別に、自分の中に何かを残すことはそれ以上に大事なのかなと思っているんです。それが何なのかは終わってみなければわからない部分ですけど、やっぱり最後に満足して終わ

りたい。終わって何も残らなかったというのが一番、悲しいですからね」（『大谷翔平　野球翔年Ⅰ日本編２０１３～２０１８』文藝春秋）

自問自答によりメタ認知能力を高めると、広い視野で物事を考えるスキルが養われます。ちょうど上空から獲物を狙う鷹の目のように、物事を捉えることができるのです。当然ながら、地上を動いて獲物を探すよりも、上空から獲物を見つけるほうが有利であることは言うまでもありません。

そしてもう一つの自問自答のメリットは、問いの連鎖により好奇心が強化されるということです。これにより、視野が一層広がり、直感やひらめきが生まれやすくなります。自問自答について、大谷選手はこう語っています。

「無駄な試合とか、無駄な練習っていうのはないかなと思っているので、頑張って何年続けても結果が出ないという練習の仕方っていうのは確実にあると思うん

ですけど、それを失敗だと気づいて違うことに取り組めば、そこで一個発見があって、それがどんどん成功につながっていくのかなと思うので、僕自身まだ成功したとは思ってないですし、むしろ失敗と成功を繰り返している段階なんです」

（日本スポーツ振興センター　アスリート育成パスウェイ）

一つの問いから違う問いが生まれることで、世の中への関心が広がり、それゆえに周囲の小さな変化に注意を向けさせる効果があります。

問いが問いを生む体験を積み重ねることで、私たちの脳は身の回りの小さな変化に気づくことができ、結果察知力も高まるのです。

心理学では、自分自身に話しかけることを「セルフ・トーク」と呼んでいますが、**メンタルが強い人の共通点の一つは、セルフ・トークがうまい**ことです。

フロリダ州立大学の心理学者コリー・シャファー博士は、陸上やバスケットボールなど、さまざまな分野の大学のスポーツ選手68名に、ゲームのときにどのような作戦をとっているのかを語らせました。

その結果、彼らが試合のときによく使っている作戦は、「セルフ・トーク」であることがわかりました。

メンタルが弱いという自覚があるのなら、自分自身との会話が足りないのです。自信満々なもう一人の自分にセルフトークを通じて励ましてもらったり、勇気づけてもらったりすればいいのです。

大谷選手にしても、心の中で自問自答を繰り返しながら自らのパフォーマンスを洗練させてきたことから、着実に成果を挙げることができたのです。

「察知力」が人を一流に導く

ポジティブに物事を考えるスキルが大谷選手の成功思考を支えています。彼ほど運を引き寄せることがうまいアスリートを見つけ出すのは、とても難しいのです。それを支えているのが、前にも少し触れた「察知力」です。これが運気を上げてくれるのです。

今までのプロ野球選手が体験したことのないフロンティア領域の先頭を走り続ける大谷選手にとって、誰もやったことのないことへのチャレンジは日常茶飯事になっているのです。日々の練習の工夫について、大谷選手はこう語っています。

「休んでいる間でも『こういうふうにやってみようかな』と閃いたりすることがあります。ノートに書くこともありますが、僕はそのままウエイトルーム、室内練習場へ行って、そのひらめきを試すことが多いですね」（『道ひらく、海わたる　大谷選手の素顔』扶桑社）

大多数の人間は、新しいことにチャレンジすることを無意識に避けます。未経験の体験には、常に失敗のリスクが伴うからです。そんな不確実性を避けたい心理が、無意識のうちに私たちを新たな経験から遠ざけてしまうのです。

それに対し、不確実性を快感にして行動し続けたから現在の大谷選手があるのです。つまり、好奇心こそ、大谷選手の進化の源泉なのです。

「知的謙虚さ」こそ、超一流の人間の共通点

あなたは「知的謙虚さ」なる言葉を知っていますか？『運の方程式』を著した鈴木祐さんは、「知的謙虚さ」が運を引き寄せる大きな要素になると語っています。「知的謙虚さ」とは、自分の知識と能力の限界を正しく把握できている状態のことで、「知的謙虚さ」を持つ人は己の不十分さに気づいているがゆえに、自分の意見にしがみつかないと言うのです。4世紀に生きた哲学者アウグスティヌスはこう語っています。

「己が実力の不十分なるを知ることこそ、わが実力の充実なれ」

多くのデータを検証すると、知的謙虚さのレベルが高い人には、以下のような特徴が見られます。

1．自分の間違いがわかったら、素直に意見を修正する能力がある
2．自分とは意見の異なる相手に対しても、寛容な態度を崩さない
3．データや事実を信頼するから真実に近づくのがうまい

大谷選手がこのすべての資質を備えていることは言うまでもありません。二刀流への取り組みで自分の果たす役割について大谷選手はこう語っています。

「この先は僕の頑張り次第で変わってくると思いますけど、僕がダメだったとしても、次の子どもが出てきてくれればそれでいいんです。一人失敗したからといって終わりだとは思いません。もちろん、一人目としてやるからには頑張りたい

と思います」（『雑誌ナンバー 2020・03・26号』文藝春秋）

この言葉に、大谷選手の知的謙虚さが凝縮されています。

自分を客観的に判断できるメタ認知力が彼に凄い能力をもたらし、結果的に知的謙虚さという資質を与えているのです。

常にさまざまな状況を想定して、起こったことをすべて受け入れるという精神を持つことこそ、一流の人たちの共通点なのです。

「進化欲求」や「成長欲求」が大谷選手のパフォーマンスを支えている

2016年に雑誌のインタビューで大谷選手はこう語っています。

「なんで打てたのかということがちゃんと説明できる打席が増えてこないと、それは本当に打てたとは言えないと思う。いい反応をして、いい軌道が生まれたバッティングがホームランにつながる。つまり、自分が求めていきたいスイングをした時にはホームランになるんです。でも例えば、たまたまバットに当たってヒットになったものは、説明がつかないじゃないですか。そうならないようにするための努力をすることを大事にしたい」（Number web 2023・03・08付）

理由がわからないホームランは、たんなるマグレ当たりに過ぎません。それでは自分でも納得できないし、自らの進化もないというのが大谷選手の考え方なのです。彼にとって、ボールパークは実験場なのです。

つまり、自分のパフォーマンスを発揮する際に、良い結果よりも、進化している手応えが欲しいのです。このことに関して、大谷選手はこうも語っています。

「自分の中でできる技術が多くなったら満足なので、それが一番ですね。今までできなかったことができるようになったり、去年できなかったことが今年できるようになっている瞬間が一番うれしいです。ただもっとできると思えることもたくさんあるので、それがもっと出てきてくれたらうれしいなと思います」

（Number web 2023・03・08付）

大谷選手のモチベーションは、間違いなく進化欲求や成長欲求です。彼は異常なほど敏感に進化や成長を感じとることができるのです。しかも、それは大きな快感ではなく、頻繁に味わえる小さな快感です。

月にたった1回の大きな快感よりも、日々体験できる小さな快感のほうを大事にする。この言葉から結果よりもプロセスを大切にしている大谷選手の心理状態がよくわかるのです。

アスリートを含めて、多くの人々が「競争こそが自分を成功に導く大きな要素である」と考えています。しかし、最近の研究ではそれは正しくないことが判明しています。

どんな分野においても、競争心が強い人たちは、行動そのものに興味や好奇心をもって取り組む人たちに比べて、創造力や実質の成果で劣ることが判明しているのです。

たとえば、こんな実験結果があります。7歳から11歳の女の子を二つのグループに分けてコラージュを作ってもらいました。グループAには、「これは競争である」と言い、グループBには何も告げずに自由に制作してもらいました。そして、できあがった作品をプロの芸術家に評価してもらったのです。

結果は意外なものでした。競争を意識したグループAの作品は自由な発想に欠けており、グループBよりも明らかに創造性が低いことが判明したのです。

あるいは、ジェフリー・J・マーティンらが『ジャーナル・オブ・スポーツ・アンド・エクササイズ・サイコロジー』誌に掲載した研究結果があります。競争第一主義の典型例であるスポーツ界においても、たとえば1マイルを先月よりも15秒縮めるとか、フリースローを70％成功させるといった自分独自の目標を決めているスポーツ選手は、勝負に勝つことだけを目標にしている選手よりも、明らかに速く走り、シュートを成功させる確率も高かったのです。

練習における自らのやり甲斐について、大谷選手はこう語っています。

「誰かに勝ちたいと思ったことはあまりないので、自分のできることが増えたことが嬉しいという思いが強いですね。例えば『何キロしか投げられなかったけれど、練習してもっと速く投げられるようになった』とか、そういうところで楽しんできました。プロ野球選手の誰かみたいになりたいということもなかった。自分は自分として、ゲームみたいな感覚ですね。自分を育成していくみたいな。そういう感覚で練習していましたし、趣味みたいなところもありました」（デサントジャパン特別インタビュー2020・03・30付）

つまり、重要なのは、他人を打ち負かすことではなく、自分自身が成長することなのです。

chapter

4

大谷翔平選手の直感力が彼を偉大なメジャーリーガーに仕立てた

「論理」と「直感」が対立したら迷うことなく「直感」に頼ろう

あるとき、大谷選手はこう語っています。

「野球に関しては、それがとてつもなく楽しかったので、今まで続いているんでしょうね。算数が好きで得意だったら、数学者になればいいんです。僕の場合は、たまたま野球だったんです」（『道ひらく、海わたる 大谷翔平の素顔』扶桑社）

もしもあなたの中で論理と直感が対立したら、迷うことなく「直感」を優先して人生設計を立ててください。

直感に頼れば、論理で考えるよりリスクは生じます。しかし、それでも自分の直感に従って決断したほうが、正解である確率が高いのです。また、心からの決断であれば、たとえうまくいかなくても後悔がないはずです。

大谷選手は人生の中での大事はすべて直感に頼って決断してきたように私は感じます。直感と論理による決断に関して、ドイツのマックスプランク研究所は、「直感は意志決定力の速度を速めるだけでなく、状況によって論理思考よりも正確な将来予測を可能にする」という研究結果を発表しています。

今や認知科学研究の世界では、「過多な情報分析に頼り過ぎると未来予測を見誤る確率が高い」という結論が出ているのです。

つまり、情報は特定の少ないものに留めて直感を働かせたほうが、正確な将来予測と意志決定ができるのです。

この世の中のすべては、「過剰なもの」と「稀少価値のあるもの」に分類できます。「過剰なもの」の多くが「論理と理性」によって生まれているのに対して、ほとんどの「稀少なもの」は「直感と感性」によって生み出されています。大谷選手のように、「稀少価値のあるもの」に挑むことが、大きな成果を生むのです。

直感の正体について、将棋界におけるレジェンド、羽生善治九段は自らの著書でこう語っています。

「直感は、本当に何もないところから湧き出てくるわけではない。考えて、考えて、あれこれ模索した経験を前提として蓄積させておかねばならない。また、経験から直感を導き出す訓練を、日常生活の中でも行う必要がある。もがき、努力したすべての経験をいわば土壌として、そこからある瞬間、生み出されるものが直感なのだ」（『直感力』ＰＨＰ新書）

特に自分の専門分野でのひらめきは重視すべきです。

図表10 アイデアが生まれやすい場

Bathroom

バスルーム(風呂、トイレ)

Bus

バス(乗り物、移動中)

Bed

ベッド(寝室)

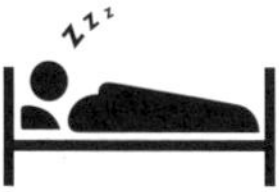

Bar

バー(お酒を飲む場)

ひらめきがほしければ、
考えるのをやめて、ぼーっとしてみよう。

『スウェーデン式アイデア・ブック』(ダイヤモンド社)より

それでは、ひらめきはどんな場所で生まれてくるのでしょう。昔から、「創造性の4B」という教えが存在します。

図表10のように、アイデアは、「Bathroom（風呂場、トイレ）」「Bus（乗り物、移動中）」「Bed（寝室）」「Bar（お酒を飲むところ）」といった場所で生まれやすいのです。4Bを活用することにより、あなたは間違いなく「ひらめきの達人」になれるはずです。

直感を先天的なものと決めつけてはいけません。テーマを決めて自由奔放にアイデアを出すことを習慣化させれば、あなたも大谷選手のように、直感が次々に湧き上がってくるのです。

「直感はひらめき」という言葉にもあるように、瞬時に脳裏に浮かび上がるもの。バッターボックスに立った大谷選手は、ピッチャーの投げるボールが彼の手から離れた瞬間、バットを振るか振らないかの決断を瞬時にしなければなりません。考えている暇はないのです。

経験豊富な分野での直感を積み重ねることにより、あなたの直感から次々と斬新なアイデアが生まれてくるはずです。

大谷選手のような天才に共通する性格とは何か？

この本の別のところで触れていますが、大谷選手が超一流のメジャーリーガーの仲間入りができた大きな要因は「好奇心」であると私は考えています。いくら才能を持ってこの世に生まれてきても、それだけで偉業を成せるわけではありません。好奇心こそ、潜在能力を開花させるための源泉です。脳の成功回路を形成するには、好奇心が不可欠なのです。このことについて、大谷選手はこう語っています。

「野球が頭から離れることはないです。オフに入っても常に練習していますもん。休みたいとも思いません。ダルビッシュさんからアドバイスをもらったりします

が、一人でああだこうだ考えながらトレーニングすることが好きで、それまでできなかったことができるようになるのが楽しいんです。そういう姿勢は高校時代と変わりません」（『雑誌 AERA2017・1・16号』朝日新聞出版）

1年365日24時間、自分が得意とする分野について思索し続ける粘り強さ、これこそが好奇心の正体です。実は、多くの人たちが誤解していることがあります。それは、思索するためには脳を意識的に酷使しなければならないという考えです。

実は、何も考えていないようなボーッとしている状態のときにこそ、斬新なアイデアが出てくるのです。

この状態を脳科学の専門用語では「デフォルトモード・ネットワーク（DMN）」と呼んでいます。DMNとは、脳が意識的な活動をしていないとき、つまり、ぼんやりしているときに活性化する神経回路です（**図表11**）。

ＤＭＮが働いているとき、特に脳の「内側前頭前野《ぜんとうぜんや》」「後帯状皮質《こうたいじょうひしつ》」「楔前部《けつぜんぶ》」「下頭頂小葉《かとうちょうしょうよう》」といった領域が活性化しています。たとえば、散歩しているときや、コーヒーを飲んで一息ついているとき、シャワーを浴びているときなどに、ＤＭＮは働いています。逆に、何か目の前の作業に没頭しているときは、ＤＭＮは働いていないのです。

ＤＭＮは、自動車の「アイドリング状態」にたとえられます。車のエンジンを完全に切ってしまうと、再び発車させるのに時間がかかりますが、アイドリング状態ならアクセルを踏むだけですぐに発車できます。

実は、ＤＭＮが正常に働いているときには、脳内の情報が整理されているため、それらが結びつきやすい状態になっているから、新しいアイデアが生まれやすいと言えます。

図表 11 デフォルトモード・ネットワーク(DMN)

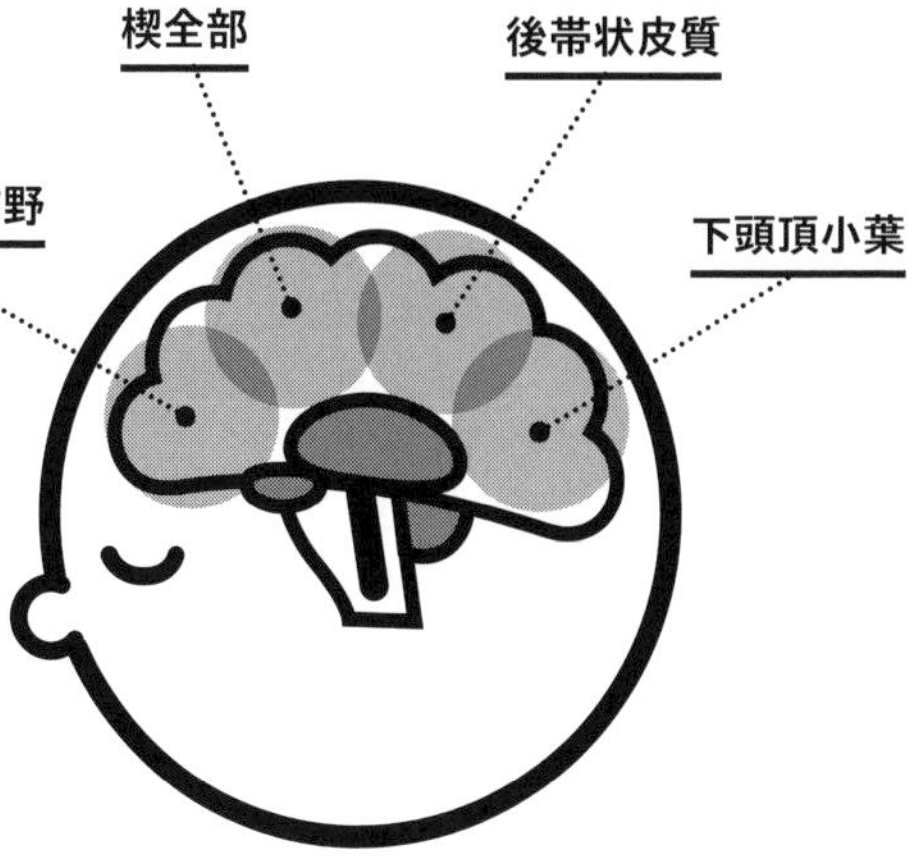

何もせず、ぼんやりしているときにも働く

DMNは、脳の消費エネルギーの60〜80%を占める

脳のアイドリング状態

空いた時間をスマホで埋めるのはやめて、“何も考えない” ようにしよう

『学びを結果に変えるOUTPUT大全』(サンクチュアリ出版)より

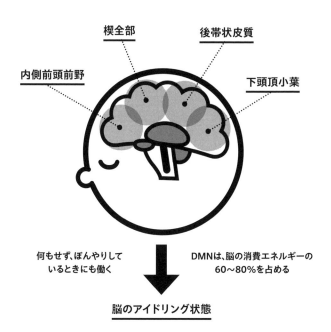

言い換えれば、スマホでの情報収集に夢中になっている現代人は、脳のひらめきをどんどん遠ざけてしまっているのです。

大谷選手のような一握りの一流の人たちの共通点は、DMNの状態を自発的につくり出して、とことんテーマについて思索し続けられること。

もちろん、思索するだけではなく、それを着実に行動に移すわけです。DMNのもとになっているのは、結局は好奇心です。大谷選手はこう語っています。

「例えば打てなくても、どうすれば打てるようになるのかなと考えて、何かを思いついついて、じゃあ、やってみようってグラウンドに行く。その一歩目が楽しいんです」（『不可能を可能にする大谷翔平120の思考』ぴあ）

自らDMNをつくり出して、ひらめきを生み出し、そのひらめいたことを行動に移して結果を待つ。そして、その結果から新たなひらめきが生まれ、次の行動につなげていく。その繰り返しこそ、驚くべき速度で彼を進化させた原動力なのです。

人と違う考え方と行動パターンをとろう

革新的なアイデアとめぐり逢うためには、いつもと違う行動を起こさなければなりません。周囲に同調した生活を送っていては、新しいアイデアにめぐり逢うことはできません。

大谷選手のような一流の人間は、人と違うことを考え、人と違う行動をするから、一握りの成功者の仲間入りができたのです。つまり、「群れない」という精神構造こそ、彼らの共通点なのです。このタイプの典型がイチローさんです。現役時代の彼はこう語っています。

「かつては試合が終わってからチームメイトとごはんを食べにいきたくありませんでした。一緒に食べにいくと、どうしても試合の話になっちゃって、切りかえができませんから」（『夢をつかむイチロー262のメッセージ』ぴあ）

現役時代のイチローさん同様、大谷選手は、1日の中で「一人だけの時間」を確保することに執着します。

あるとき、大谷選手はイチローさんと、メジャーへの移籍やアメリカでの生活に慣れるまでの苦労について語り合う機会を持ちました。そのときのことを思い出しながら、大谷選手はイチローさんの存在についてこう語っています。

「もの心つくころからイチローさんは僕にとって、今の子供や大人にとっての僕のような存在でした。自分とは別の生き物。生ける伝説。日本のスーパースターだった。カリスマ性もある。でも、実際に会って食事をしてみると、普通の人っぽくて、ちょっと驚きました」（GQジャパンホームページ）

中でも、そのとき、イチローさんが語った以下の言葉が印象に残っているそうです。

「『自分自身であることを忘れないように。これまで自分らしくやってこれたんだから、変えてはいけない。ずっと自分自身でありつづけるんだ』ということを教えられました」（GQジャパンホームページ）

群れることで安心する旧来のサラリーマンタイプの人間は、これからの時代では頭角を現すことが難しいでしょう。敢えて群れから離れることにより見えてくるものがあるはずです。もう少し付け加えるなら、「人と同じことをする」だけでは満足せずに、人が気づかないレベルの高いことに着目すればいいのです。

孤独を嫌う人は、概して人の目を気にする人です。しかし、本人が考えているほど人は他人のことを気にしていません。みんな自分のことで精一杯なのです。

大谷選手はチームメイトに食事や飲みに誘われても、ほとんど応じることがありません。でも、それが原因で彼がチームの和を乱している、などと捉えられることはないわけです。あなたの時間は、あなただけのもの。自分だけの時間を作ることの大切さを、是非再認識してください。

あなたにとって、「才能」とは何だろう？

２０２２年８月９日、大谷選手は、対アスレチックス戦に「２番・投手兼ＤＨ」で出場。６回４安打無失点で自己最多10勝目をマーク。１９１８年のベーブ・ルース以来、１０４年ぶり２人目の「２桁勝利＆２桁本塁打」を達成し、昨季も含めて通算７度目の挑戦で、歴史の扉をこじ開けました。

この日は投手で６回無失点、打者では７回にダメ押しの25号ソロ。そして、７月６日の今季10盗塁と合わせ、ＭＬＢ史上初の「トリプルダブル」も達成してみせたのです。試合後、大谷選手はこう語っています。

「単純に（今まで投打）2つやってる人がいなかったというだけかなと思う。それが当たり前になってくれれば、普通の数字かもしれない」（スポニチアネックス 2022・8・10付）

大谷選手のメジャーリーグにおける活躍は、彼の生まれ持った才能によって支えられていると多くの人々が考えています。しかし、本当にそうなのでしょうか？

ここで「才能とは何か？」について私の考え方を披露しましょう。才能はダイヤモンドの原石に似ています。ダイヤモンドは、原石のままでは商品にはなりません。たっぷり時間をかけてこの原石を研磨することにより、価値のある高価なダイヤモンドに変わるのです。あるとき、大谷選手はこう語っています。

「常にきっかけを求めて練習しているというのはあります。ひらめきというか、こういうふうに投げてみよう、こうやって打ってみようというのが、突然、出てきますからね。やってみて何も感じなかったらそれでいいし、継続した先にもっ

といいひらめきが出てくることもあります。常にそういうひらめきを追い求めているんです。自分が変わるときは一瞬で上達しますし、そういうきっかけを大事に考えて練習していますね」（『大谷翔平 野球翔年I日本編2014～2018』文藝春秋）

人は誰もが何かしらの才能を持っているものです。しかし、自分は何の原石なのか、まずはそれを見極めなければなりません。

「才能」という可能性を見極めて、そこに「鍛練」という行為を積み重ねて、初めて私たちはその分野で成功をつかみ取ることができるのです。

一口に才能と言っても、そこには多くの可能性が存在します。たとえば、スポーツ界では「その種目の才能がある」という先天的な要素が必須になります。一方、ビジネス分野においては才能というよりは、「着想」とか、「ひらめき」といった後天的な要素が生命線になるでしょう。

あなたは**「流動性知能」と「結晶性知能」という2種類の知能を知っていますか?**「流動性知能」の代表格は知識、計算、思考といった言語機能が主役になる知能です。学生時代のテストや受験勉強がその典型例です。

一方、「結晶性知能」は、キャリアを積むことによって得られる非言語のスキルのこと。大谷選手のバッティングやピッチングは結晶性知能の典型例でしょう。この2種類の知能と年齢との相関関係を**図表12**に示します。

図を見てもわかるように、結晶性知能は年齢と共に右肩上がりのラインを描きます。つまりこの知能を獲得するには長いキャリアが求められるのです。人間国宝と言われる特殊な才能を極限まで高めた人たちのスキルは結晶性知能であることは明白でしょう。

これからの時代で求められるのは、間違いなく「結晶性知能」です。もはや記憶力の優劣でその人間の優劣を判断するのは時代遅れです。

キーワードは「稀少価値」です。その仕事に社会的ニーズがあり、その分野で稀少価値のある人はますます引っ張り蛸になるでしょう。

大谷選手は打つことも投げることも一流ですが、投打で一流になるという着想は、これまでの野球選手の概念を根本的に変えてしまったと言えます。およそ100年前に活躍したベーブ・ルースと比較されることもありますが、置かれた時代がまるで違うのです。普段の心構えについて、大谷選手はこう語っています。

「オフに取り組んできたものが試合で出来た時はもちろん嬉しいですけど、練習の中でも『うまくなる瞬間』を感じるときがあります。そういうときは嬉しいですね」（『道ひらく、海わたる　大谷翔平の素顔』扶桑社）

メジャーリーグという習熟したプロ社会では、「投げる」「打つ」どちらかの才能

図表12 知能と年齢の相関関係

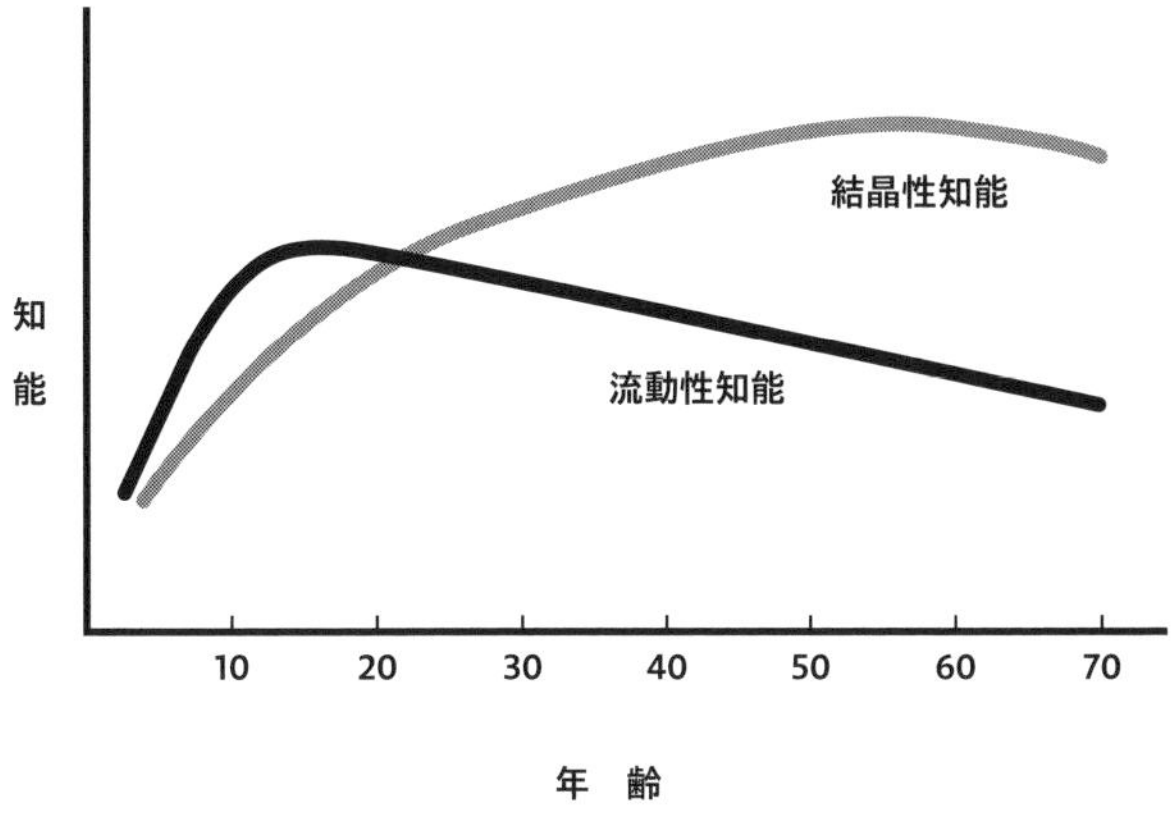

『エフォートレス思考　努力を最小化して成果を最大化する』（かんき出版）の図版改変

が不可欠ですが、現代のスポーツ界では不可能であるとされた「打者」と「投手」の両面で頂点を目指すという大谷選手特有の着想が彼を希有なアスリートに仕立てたのです。

誰もが安価で手に入れることのできる情報の価値は近年著しく下落しています。自分の「売り」を「稀少価値」と「社会のニーズ」という二つの尺度で判断して、そのスキルを極限まで高めることに努めてください。

徹底して自分らしさを追求しよう

２０２２年９月29日の対アスレチックス戦。この日、観客は、大谷選手のあわやノーヒットノーランという快投を目撃します。１回の先頭打者に四球を与えたものの、それ以降アスレチックス打線を無安打に抑え込みます。ストライクを取るごとに本拠地のファンも大興奮。

８回２死の場面で内野安打を許して快挙は逃しましたが、「ダブル規定回クリア」まで投球回は後１に迫りました。それだけでなく、この日、偉大なノーラン・ライアン投手と並ぶシーズン10度目の２桁奪三振もマークしたのです。

試合後、大谷選手はこう語っています。

「勝てて良かったなと思います。スライダーばっかりだったんですけど、それなりに投げられましたし、こんなにスライダーを投げたことは人生でもなかったですけど、それでも抑えられてよかった」（スポニチアネックス2022・09・30付）

言うまでもなく大谷選手は、メジャーにおける希有な選手なのです。これからの時代は「過剰なもの」は、いくら高度なものであっても安価に手に入るようになるはずです。その一方で、「稀少価値のあるもの」に富が集中する時代に突入しているのです。

20世紀に稀少価値のあった高度な情報の価値はもはや限りなくゼロに近づいているのです。あるとき、大谷選手はこう語っています。

「実際に『二つやっている』ということが事実なだけで、もしかしたら、片方をやっていたほうがいいのかもしれない。でもやっぱり、二つをやっていたほうが

いいのかもしれない。そこには正解がなくて、僕としては『やったことが正解』というだけなんです。そう信じたいという気持ちがあります。自分がやってきたことを信じたい。僕はそう思っています」（『道ひらく、海わたる　大谷翔平の素顔』扶桑社）

17世紀に生きたオランダの著名な哲学者スピノザは、人であれ物であれ、「本来の自分らしい自分であろうとする力」を「コナトゥス」と呼びました。この言葉は元々ラテン語で、「努力、衝動、傾向、性向」といった意味を持ちます。

スピノザの賢人観は「自分のコナトゥスが何によって高められ、何によってネガティブな影響を受けるかを知り、結果として人生を楽しむ術を心得た人」というものです。

そうなるためには、何が良くて何が良くないかを試してみる必要があります。このとき世間一般の判断ではなく、自分の感性に従って生きることが求められます。

このことについて詳述している『ニュータイプの時代　新時代を生き抜く24の思考・行動様式』（ダイヤモンド社刊）を著した山口周さんはこう語っています。

「私たちは極めて変化の激しい時代に生きており、私たちを取り巻く事物と私たち個人の関係は、常に新しいものに取って代わられていくことになります。このような時代にあって、何が『良い』のか、『悪い』のかを、世間一般の判断に基づいて同定することはできません。私たちが、自分の人生を賢人となって楽しむためには、つまるところ、さまざまなものを試し、どのような事物が自分のコナトゥスを高めるか、あるいは毀損するかを経験的に知っていくことが必要になります」

大谷選手が自分の頭で自分の人生を考え、それを自分のキャリアの中で数多く試したから、ピッチャーとバッターの両立という「とてつもない稀少価値」とめぐり逢えたのです。

あなたにとっての「コナトゥス」についてたっぷり時間をかけて考えてみてください。徹底して自分らしさを追求してみることは、とても大切だと、私は思うのです。

イメージトレーニングの達人になろう

私は現在6名のプロゴルファーのメンタル面のバックアップをしていますが、彼らがもっとも関心を示すテーマの一つが、「イメージトレーニング」です。ゴルフに限らず、すべてのスポーツにおいて、「視覚化」はその選手のパフォーマンスを大きく左右する重要なスキルです。

大谷選手はたとえオフの日でも、暇さえあれば自分だけでなく他の選手のスイングや投球フォームの映像を観賞する習慣を身につけています。それだけでなく、その映像で気づいたことをすぐに実行に移す心の準備ができているのです。このことに関して、彼はこう語っています。

「試してみてダメだったらダメでいいと思うんです。こっちのほうがいいな、やっぱり違うなと、またそこで思えるので。八割が『やっぱり違うな』と思うときなんですけど、『いいな』と思うことが一割か二割あります。そのなかの0・5%ぐらいの割合で、本当にイメージがヒットすることがあります」（『道ひらく、海わたる　大谷翔平の素顔』扶桑社）

脳の保有するイメージ機能を駆使すれば、スポーツだけでなく、ビジネスにおいても大きな武器になるのです。

アメリカのある大学のバスケットボールチームの実験結果があります。グループを3つに分けて20日間フリースローに関する実験が行われました。実験直後にスコアを比較しました。

まず、グループAは、実際に20日間フリースローの練習をひたすら行いました。次にグループBはまったく練習を行いませんでした。そしてグループCは、毎日30

分自分がフリースローをしているシーンのイメージを描くトレーニングを20日間行いました。

結果を以下に示します。

グループAは、フリースローの成功率が24%向上しました。
グループBは、まったく進歩が認められませんでした。
グループCは、フリースローの成功率が23%向上しました。

このデータから、イメージトレーニングは実際の練習とほぼ同じ効果があることが証明されたのです。

バッターボックスに入った大谷選手は、ピッチャーの投げるボールが彼の手から離れた瞬間、その軌道を脳裏でイメージして、バットを振るか振らないかを決断します。その予測イメージの精度が他の選手よりも優れているから、ホームランを量産できるのです。

あるいは、彼がピッチャーとしてマウンドに立つときは、これから投げる球種を決定して、脳裏にその軌道をイメージした後は、実際にその軌道を描くようにボールを投げる作業に集中します。

イメージトレーニングはスポーツ界のみのスキルではありません。ビジネスや勉強においても、素晴らしいパフォーマンスを発揮できる人たちは、「イメージ能力」に長けているのです。

一流のセールスマンは、大事な商談で顧客を説得するために、想定問答を作成して頭の中でリハーサルを綿密に行った後、実際の商談に入るから成約率が高まるのです。

新商品の開発担当のビジネスマンの脳裏には、常に新商品のアイデアが渦巻いています。そしてそれらを片っ端から形にするという試作の作業を行います。

イメージすることに無頓着な人たちは、偶然に頼るしかありません。一方、成功者たちは、暇さえあれば想像力を働かせて斬新なアイデアを生み出すから、高い確率で、しかも着実に成果を上げることができるのです。

chapter

5

大谷翔平選手が教えてくれる仕事で成果を上げる秘訣

外側のゴールから内側のゴールにシフトしよう

２０２１年シーズンの最終戦、その第1打席で46号ホームランを放った大谷選手は、この試合で初の１００打点に到達。投手として１００投球回、１００奪三振、打者として１００安打、１００打点、１００得点を達成し、メジャー史上初の投打５部門で１００の数字を越える「クインティプル１００」を達成しました。試合後、大谷選手はこう語っています。

「より多く試合に出られたというのは単純に楽しかったですし、それだけ試合に貢献できる頻度が高いということは選手としてもやりがいがあったと思うので、

「そうですね、すごい楽しい一年だったかなと思います」（『歴史を動かした二刀流　大谷翔平～偉業の軌跡～』あさ出版）

時代は「肩書」や「報酬」といった外側の評価から、「最高の自分」とか「自分史上最高記録」といった内側の評価に重点が移っています。その大きな理由は、時代の要請が、「社会の軸」から「自分軸」へと着実に移行しているからです。

大谷選手のモチベーションの源泉は、世界一の打者になることでもなく、世界一の投手になることでもありません。「自分史上最高の自分」に出会うことを実現するための日々の作業が、彼のパフォーマンスを支えているのです。このことについて大谷選手はこう語っています。

「基本は自分の決断のもとで行動してきました。小さい頃にやっていた水泳もそうでした。続けるときは、友達がやっているのを見て『僕もやりたい』と思って続けましたし、やめるときも、最後のテストみたいなものがあって、それが終

わったら『もういいや』と思ってやめましたから」（『道ひらく、海わたる　大谷翔平の素顔』扶桑社）

最新の心理学実験においても、「社会の軸」を意識するよりも、「自分軸」を意識したゴールのほうが、モチベーションだけでなく持続力も高まるという結論が出ています。

自分の興味と関心を自分の内側との対話を積み重ねることにより見つけ出していく。それを追求していくと、「自分の得意なこと」や「自分の好きなこと」が自然に浮かび上がってくるはずです。

つまり、「好き」や「得意」は幸福感や充足感と、とても相性がいいのです。

たとえ仕事や作業の結果が芳しくなくても、幸福感や充足感に満たされていれば、モチベーションを落さずに継続できます。

一方、強制的に「努力する」や「頑張る」という意識は、悲壮感や挫折感を生み出す元凶になります。それだけでなく、努力したり、頑張ったりして、うまくいかなかったときには、深刻なスランプや失意を生み出すのです。

他人からの指示や命令によってやる仕事からは「努力する」や「頑張る」という意識が生まれます。つまり、「努力する」や「頑張る」という言葉を発しただけで、それは「やらされる仕事」になる可能性が高くなります。

一方、幸福感や充足感に満ち溢れたときに作業はいくら長時間持続しても疲労感を覚えないし、時間の経過も驚くほど速くなります。つまり「自分の内側」にゴールを設定したとき、私たちが幸福感や充足感を得られる確率は高まるのです。

たとえば、私がメンタル面でバックアップしているプロゴルファーには、「自分史上最高のプロゴルファーになることを目指しなさい」と言うのが口癖になっています。

なぜならゴルフという競技は、相手のスコアをコントロールできないからです。
また、「相手に勝つ！」というように他人を意識して試合に臨んだ場合、優位にゲームを進めているときには問題ないのですが、劣勢になったときフラストレーションが溜まってしまうのです。

しかし、**「自分史上最高のプロゴルファーになる」ことなら、どんな結果になっても、満足感を得られ**ます。

大谷選手のように、徹底して「自分軸」で考えて行動することにより、自動的に幸福感や充足感で心の中が満たされるようになるのです。

なんとしてもできるだけ人生の早い時期に「天職」を見つけよう

「天職」という言葉の響きは、とても魅力的であると感じるのは、私だけでしょうか？　大谷選手のように比較的若い時期に天職を発見した人間は、この上なく幸運なのです。天職は、3つの要素により発見できると、私は考えています。

それらは、「好き」「得意」「社会のニーズ」です。

「好き」だけでは、それは到底天職になり得ません。それは趣味にすべきものです。それが「得意」なら、天職になる可能性は高いと言えます。しかし、それが「好き」

でなかったら、成功が難しいだけでなく、「やらされる仕事」になって幸福感を得ることなどできず、もちろん成長も期待できません。

大谷選手のように、「得意」に「好き」が伴ったときに、初めてそれは天職になり得るのです。しかし、それだけでも、まだ「天職」とは言えません。なぜなら**その仕事に「ニーズ」がなければ、職業として成立しない**からです。

このことに関して、アメリカのエール大学の心理学者エイミー・レズネスキー教授は、ある予測をして調査を行いました。彼女の予測とは、「魅力的、かつ報酬の多い職業にこそ、それを天職と考えている人々が多いだろう」というものでした。しかし、彼女の予測は見事に覆されました。調査結果は以下の通りでした。

広くあらゆる職業において、「これが私の天職だ！」と考える人たちがいることが判明したのです。銀行員、セールスマン、バスの運転手、料理人、清掃職員、教師等々……。

そして、レズネスキー教授は、「自分の仕事を天職だと考えている人ほど、幸福感を覚えている」という事実も突きとめました。つまり、天職とは職種ではなくそこに働く人たちのその仕事の捉え方に左右されることが判明したのです。

もしもあなたの現在の仕事や未来の仕事において、達成感やワクワク感が感じられないときは、少なくとも、それは天職ではないことは明らかです。そのことについて、大谷選手はこう語っています。

「成果が出ないと面白くないなって感じてる人が多いんじゃないかなと。辛いなと思ってやめたくなるのが人だと思うので、それでも頑張りたいなって思える何かがあるなら、その時点でもう幸せなんじゃないかなと。僕にとってはそれがたまたま野球でしたけど、それが別の仕事の方向に向いているのであれば、それはそれで十二分に幸せなことだなと思います」（『PROSPEX × Shohei Ohtani インタビュー2023』）

あなたにとっての幸福感や充実感は、あなたの外には存在しません。あなたの内面にこそ、幸福感や充実感が存在するのです。大谷選手のように、トレンドに惑わされることなく、**「自分軸」で考えて、それを行動に移す習慣を身につければ、あなたにとっての天職候補が頭の中に次々と浮かんでくる**はずです。

私の大好きなマーティン・ルーサー・キング牧師の言葉を紹介しましょう。

「掃除人になる運命にあるのなら、ミケランジェロが絵を描くように、ベートーベンが音楽を奏でるように、シェイクスピアが詩を書くように、街路を掃除しなければならない」

もしもあなたの天職がトイレ掃除だと判明したら、あまり気分が良くないかもしれません。しかし、誰よりも綺麗にトイレを掃除することにのめり込むことができたら、トイレ掃除も天職になる可能性があるのです。今何かに挑戦している人に向けて、大谷選手はこう語っています。

「それが好きなことなら、それが一番素晴らしいと、楽しいことじゃないかなと思うので、なるべく好きなまま最後まで終えられたら幸せだと思っているので、僕はそういう風に頑張りたいなと思っていますし、そうじゃない人がいたとしてもその目標に向かってね、時間を割いて、達成できるように頑張ってほしいなと思います」（『PROSPEX × Shohei Ohtani インタビュー 2023』）

「やらされる仕事」という感覚ではなく、「自発的にのめり込む仕事」が見つかったら、それがあなたの天職である可能性が高いのです。つまりあなたにとっての天職は世界に一つだけ存在するのではなく、あなたの周囲にいくつも存在する、と考えるべきなのです。そして複数の天職候補が見つかったら、後は「好き」「得意」「社会のニーズ」の3つの視点で一つに絞り込んでください。それが、あなたにとっての天職となるはずです。

この項の最後に、黒澤明監督の言葉を贈りたいと思います。

「自分が本当に好きなものを見つけてください。見つかったら、その大切なもののために努力しなさい。君たちは、努力したい何かを持っているはずだ。きっとそれは、君たちの心のこもった立派な仕事になるでしょう」（映画『まあだだよ』から）

その日一番重要な作業にたっぷり時間をかけよう

時間は人間に与えられたもっとも大切な資源です。しかし、残念ながら、「お金」や「肩書」よりも大事なはずなのに、多くの人々が時間を無駄遣いしているのは、とても不思議な現象です。

大谷選手のような一流人たちの共通点は、「時間感覚」にとても敏感なこと。彼らはキャリアの中で時間を効率的に使うことを本能的に身につけています。あるとき、大谷選手はこう語っています。

「自分自身も、もう年を重ねてどんどん歳を取っていくので、野球人生も中盤に

差しかかっていますし、なかなかここから先、多くの時間があるわけではないっていうのも理解しているので、本当に無駄にしないように悔いの残らないように、日々頑張りたいと思います」(『PROSPEX × Shohei Ohtani インタビュー2023』)

時間を効率的に使う秘訣は「朝一番に、その日やるべきことに優先順位をつけること」と、教えられてきたかもしれません。確かにこの原則は間違っていないのですが、「やりたくないけれど、重要な作業」と「あまり重要ではないけれど、やりたい作業」の優先順位を見誤らないことが肝要です。

残念ながら大部分の人々は、前者よりも後者を優先してしまっているのです。「容器に石を入れるとき、最初に一番大きな石を入れなさい」という格言があります。

その意味するところは、「小さな石から入れると、肝心の大きな石が入らない」ということです。その日最優先でやらねばならない最重要の作業は一瞬でわかります。それにたっぷり時間をかけて、最優先で必ずその日のうちに実行してくだ

さい。

すべての人には次の3種類の作業が存在します。

1．今すぐやる作業
2．決められた期日までにやる作業
3．気が向いたらやる作業

この中で「3の作業を潔く葬り去って1の作業にたっぷり時間をかける」ことが重要です。このことについて大谷選手はこう語っています。

「やらなければいけないなっていう、単純にゴールから逆算していくと、無駄な時間というものはなかなかないですし、自分が達成したいところに向かってなるべく多くの時間をそこに費やせられたら、行くスピードも速くなりますし、高

さももちろん出ますし、なるべく多く時間をそこに割きたいなとはもちろん思ってます」（『PROSPEX × Shohei Ohtani インタビュー 2023』）

今すぐやるべき作業は確かに重要です。しかし、それより大切にしなければならないのは、締切りのないキャリアを通して続けなければならない作業です。

3の作業に時間をかける人は、それだけで一生が終わってしまいます。作業の優先度は「好き嫌い」ではなく「重要度」で決めるべきです。

アメリカの著名な企業コンサルタント、グレッグ・マキューン氏は、『エフォートレス思考』（かんき出版）を著して注目されました。彼はこの本の中で、最重要の作業を徹底的に簡素化して最大級に効率的に行い、最大成果を最小努力で実現することの大切さを説いたのです。

図表13にそのモデルを示します。大きな球体を上り坂で押し上げるのが従来の「頑張る」という意識で行うパターンです。

図表 13 エフォートレス思考のモデル

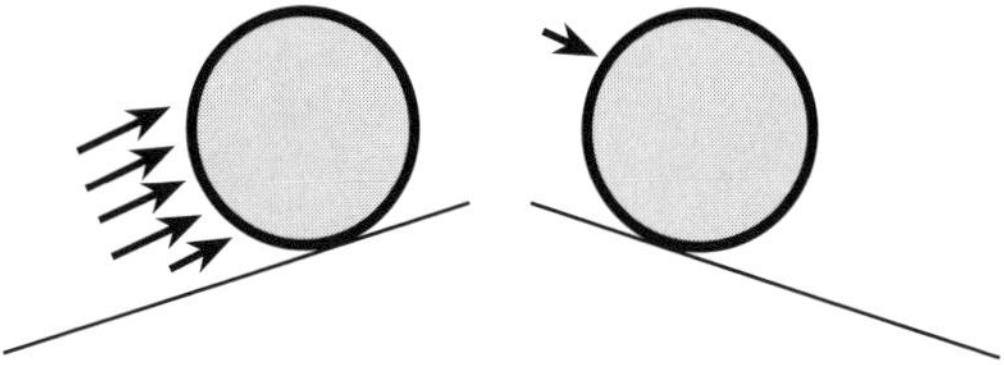

	頑張る	エフォートレス
精神	大事なことをやるのは死ぬほど大変だ	大事なことをやるのはいちばん簡単だ
行動	頑張りすぎる。難しく考える。複雑化する。やりすぎる	簡単なやり方を探す
成果	疲れるばかりで成果が出ない	余裕で正しい成果が出せる

Horn JL,et al.Acta Psychol(Amst). 1967;26(2):107-29.
Baltes PB,et al.American Psychologist.2000 Jan;55(1):122-36.

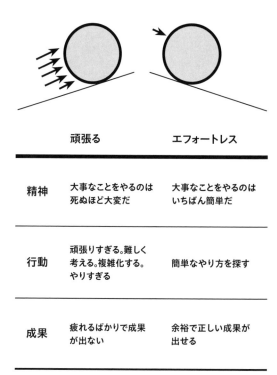

一方、エフォートレス思考は、下り坂で球体を移動させるシステムです。頑張らなくても成果が上がるシステムのキーワードは「簡素化」と「最重要な作業に特化すること」につきるのです。

決められた期日までにやる作業を大部分の人々は、期限ぎりぎりまで先延ばしにします。そんな作業ほど暇を見つけて効率よくこなして「最重要な作業」にたっぷり時間をかけてください。

このやり方を実行すると、今まで先延ばしにしていた期限付きの作業も思いついたときに修正を加えることができ、期限までに完成度の高い作業に仕上がるのです。

今日という一日を最高のものにしよう

私の運命を変えた言葉がここにあります。

「神はあなたになんらかの使命を持たせてこの惑星に送り込んだ」

私は誰が語ったかわからない詠み人知らずのこの言葉に今から45年前にめぐり逢いました。その言葉が私の運命を変えたのです。当時私は大学卒業後に勤めた大企業から、社内海外留学制度の一期生としてカリフォルニア大学ロサンゼルス校（ＵＣＬＡ）大学院に2年間留学し、工学修士号を取って帰国したすぐ後だったと思います。

たまたま書店で購入した本の中にこの言葉が書かれていたのです。もしも、この言葉に出合わなかったら、おそらく私は定年までサラリーマン生活を続けていたでしょう。

もしもあなたの先祖がたった一人でも違っていたら、間違いなくあなたは生まれていません。そんなことを考えたら、たった一度のこの人生の今日という一日の目の前の一瞬すら無駄にできないはずです。

私のスポーツ心理学の師である、アメリカを代表する著名なスポーツ心理学者ジム・レーヤー博士の哲学は、「一日単位で完全燃焼」です。

彼は「昨日のことは忘れてしまいなさい。それはもう過ぎ去ったもの。そして、明日のことは明日考えればいい。今日一日を完全燃焼しなさい」と説き続けています。大谷選手の活躍の源泉は、日々の習慣を野球のために捧げているという事実です。日常のささやかな幸せについて、大谷選手はこう語っています。

「今のささやかな幸せ……何でしょうね。ささやかな幸せを感じるまでもなく、今は日々に満足していますね。今日もしっかり練習できたし、これから帰ってごはんも食べられるし……。(中略)食べられるという平穏な一日に満足しているんです。夜になったら寝心地のいいベッドがあってそこで寝られるし、明日が来ればまた練習できるし……そういう何の不安もなく暮らせる感じというものに満足しているんですよね。それがささやかではない幸せなんだと思います」

(Numberweb 2023・03・16付)

「いかにして今日という一日を最高の一日にするか?」ということについて大谷選手は真剣に考えていることが、この言葉から伝わってきます。

UCLAの伝説的なバスケットボール部の名コーチ、ジョン・ウッデンは小さい頃、父親から「今日という日を自分の最高傑作にしなさい」という教えを受けました。この言葉から、彼は、「人生とは今日である。この先で待っている時間のことではない」という真理を学んだのです。

あるいは、著名な啓蒙家でベストセラー作家のスティーヴ・チャンドラーは、こう語っています。

「今日という日はあなたの一生を凝縮した小宇宙だ。今日一日の中に、あなたの全人生が詰まっている。人は朝目が覚めると同時に誕生し、そして夜眠りに落ちるときに死ぬ。1日とは本来そういうものだ。人は一日で全人生を生きることができるのである」（『自分を変える89の方法』ディスカヴァー・トゥエンティワン）

「なぜ1日が24時間なのか？」という理由よりも、「なぜ太陽は1日単位で昇ったり、沈んだりするのか？」という事実について、考えてみましょう。**「一日一生」という言葉を頭の中に叩き込んでベストを尽くす。**これは大切なことです。

その日一日を完全燃焼させるために、良質の睡眠は必須です。ペンシルベニア大学の研究で、6時間睡眠を14日間続けると、2日間完全に徹夜したときと同程度の集中力低下をきたすということが明らかになりました（**図表14**）。

その実験方法は、モニター画面上に赤い丸が表示されたらボタンを押すというものです。睡眠時間を制限して2週間実験を行ったところ、0・5秒を超える反応時間の数は、8時間睡眠に比べて6時間睡眠は10日後には4倍、4時間に睡眠を制限したら、6倍になったのです。徹夜は3日間のデータしかありませんが、集中力の低下は明らかです。

大谷選手は、ことのほか睡眠時間を大切にするアスリートです。

「（大事なのは）睡眠ですね。今は10時とか10時半には寝ますね。できるだけその日にすごい死ぬ気で頑張ったトレーニング（の成果）が返ってくる割合をなるべく100％にしたいなって感じですね」（日本スポーツ振興センター　アスリート育成パ

図表 14 睡眠時間と集中力の関係

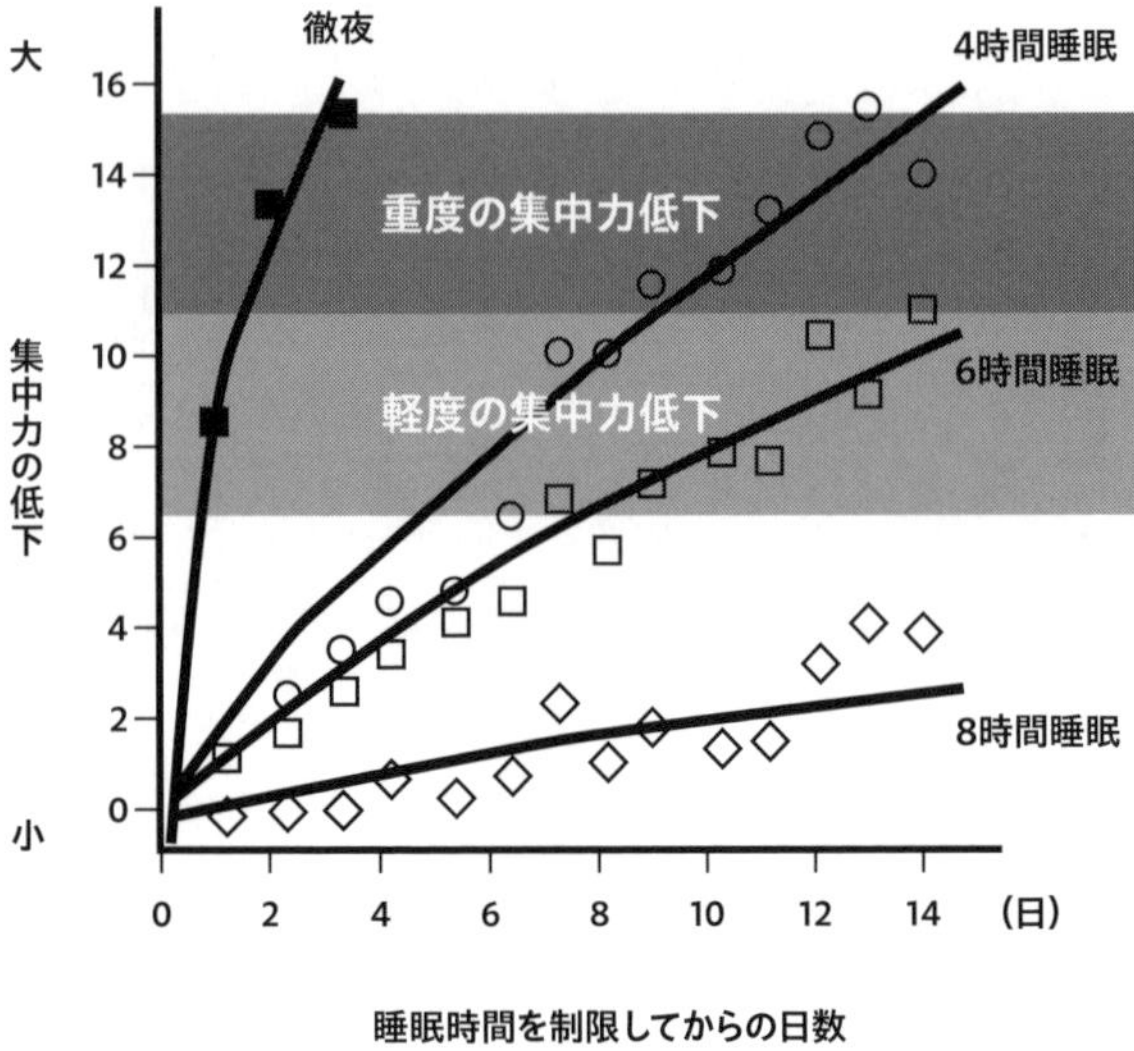

モニター画面上に赤い丸が表示されたらボタンを押すという実験。睡眠時間を制限し、毎日実験を行う。縦軸は反応速度が0.5秒を超えた回数(集中力の低下)。ペンシルベニア大学、Hans P.A.Van Dongen博士らの研究

『学びを結果に変えるOUTPUT大全』(サンクチュアリ出版)より

スウェイ）

毎日6時間しか寝ていない人は、毎日、徹夜明けで仕事をしているのと同じくらいの仕事しかこなせないというデータも存在します。それに加えて、睡眠不足は、勉強効率を下げるだけでなく、多くの疾患の確率を上昇させ、寿命まで縮めてしまうのです。

回復こそ夢をかなえる大きなエネルギー源

回復こそ、夢をかなえる大きなエネルギー源です。あなたにいくら素晴らしい才能があっても、1日を完全燃焼させるだけのエネルギーを補給することなく、良質の仕事をすることは到底不可能です。

「1日単位で完全燃焼」こそ、最高のパフォーマンスを発揮するために不可欠な要素です。大谷選手のオフタイムのこだわりは半端ではありません。特に食事に関して、大谷選手の考えは、とてもストイックです。彼の食事のメニューは、すべてフィールドで最高のパフォーマンスを発揮することを最優先しているのです。

食事のバリエーションについて、大谷選手はこう語っています。

「いや、（バリエーションは）増えていません。同じものを食べています。お米の量と野菜の量も一緒です。摂るたんぱく質の種類を変えたり、運動量によって量を変えてますけど、メニューは変えません。そのほうがいろんなことの理由とか、この運動量ではこれだけ食べたら次の日はどうなるとか、変えないほうがわかりやすいでしょう。いつも言うように、僕、味は二の次ですから（笑）」（『雑誌ナンバー 2022・04・14号』文藝春秋）

大谷選手の自炊でのメニューはいたってシンプルです。バリエーションを最小限に抑えて、「お米を炊いて、肉や魚を焼いて、ブロッコリーを茹でる」といったシンプルなメニューを日々食べ続けます。

図表15は、「ストレス」と「回復」の諸要素をまとめたものです。**「ストレス」とは、エネルギーの消費であり、「回復」はエネルギーの補給**を意味します。多くの人々が「ストレス」をマイナス要素と考えますが、そうではありません。バイタリ

図表15 バランス全体像

ストレスの諸要素		回復の諸要素	
1	練習の量	1	睡眠時間
2	試合の回数	2	睡眠の深さ
3	移動	3	休息と余暇の量
4	結婚生活	4	休息と余暇の内容
5	肉体的なコンディション	5	遊び
6	家庭生活	6	自由時間
7	学校生活	7	軽食の回数
8	友人関係	8	ヘルシーな食事
9	コーチ	9	仮眠
10	健康状態	10	リラックスするためのエクササイズ(瞑想、深呼吸、ヨガなど)

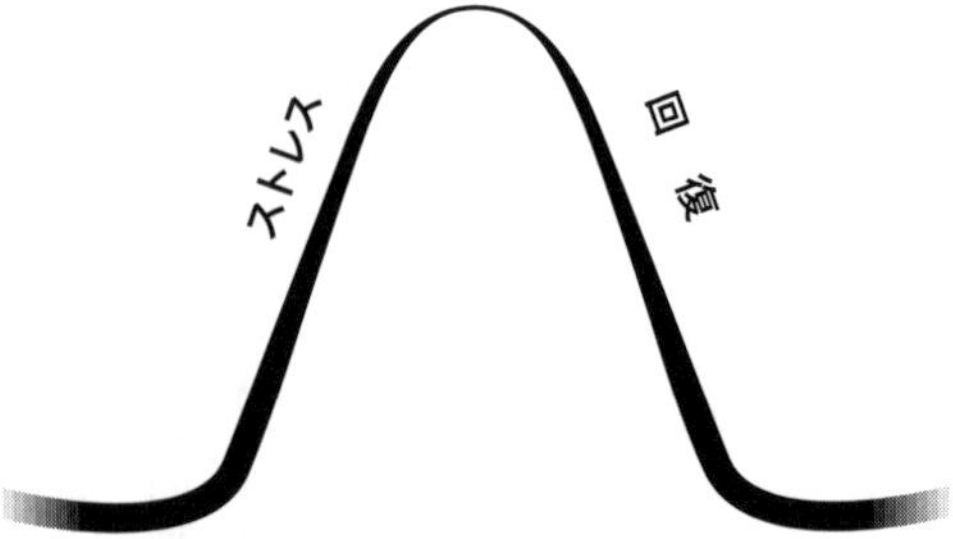

『スポーツマンのためのメンタルタフネス』(阪急コミュニケーションズ)より

ティに満ち、充実した生活を送るためには、「ストレス」を避けることはほぼ不可能です。**図表15**のように「ストレス」と「回復」のバランスを取ることが大切なのです。

日本のビジネスパーソンは、まだまだオフタイムの充実が不足しています。もしも仕事の悩みを抱えているなら、それはオンタイムの中にあるのではなく、大抵オフタイムが充実していないことが原因なのです。

そのことについて私の師であるジム・レーヤー博士は、こう語っています。

「カロウシ（過労死）とは、過労による死を意味する日本語である。（中略）長時間労働、ノルマ達成への大きなプレッシャー、睡眠不足、酒の飲み過ぎ、タバコの吸い過ぎ、家族と過ごす時間の極端な少なさ、厳しい家計、ラッシュと渋滞ばかりの通勤事情、運動不足、全くない回復時間。これが日本の多くのビジネスマンが置かれている状況である」（『メンタル・タフネス――タフネスで強くなる』阪急コミ

ユニケーションズ）

もっとオフタイムの充実について真剣に考えましょう。リカバリーこそがあなたの仕事に成果をもたらし、夢の実現へと導いてくれるのです。

人生は「今」しかない。そういう思いでビジネスタイムを完全燃焼させましょう。朝出社するとき、心のタンクを満タンにして、昼間にそのエネルギーを完全消費してガス欠状態で家に戻る。帰ってからは、心をリラックスさせて、ふかふかのベッドでぐっすり眠りについてください。

大谷選手は球場に到着してユニフォームを着た瞬間、「仕事モード」になります。そしてゲームが終わってロッカールームでユニフォームから普段着に着替えた瞬間、「リラックスモード」に変身するのです。2021年シーズン終盤に、「今幸せに感じることは何か？」という記者の質問に答えて、大谷選手はこう語っています。

「最近はオフシーズンになったら何をしようかなって、そればっかり考えています。何にも決まってないし、何も浮かんでこないんですけど（笑）、何をしようかなって考えているときは幸せですね」（『雑誌ナンバー2021・09・24号』文藝春秋）

人生においては、オンタイムが主役ではなく、オフタイムこそ主役であるべきです。日本人は欧米に比べてまだまだオフタイムの充実が不足しています。確かに生活のリズムがかなり欧米化しているのは事実ですが、まだまだ日本の職場では、「遊びは罪悪」という固定観念がまかり通っています。

これからの時代は、きっちりと「オン」と「オフ」のメリハリをつけて、「よく遊び、よく仕事をする」ことが求められます。オフタイムの充実が、あなたの仕事の成果を上げるカギになるのです。

成　　績

勝率	投球数	奪三振	防御率
1.000	61.2	46	4.23
0.733	155.1	179	2.61
0.750	160.2	196	2.24
0.714	140	174	1.86
0.600	25.1	29	3.20
0.667	51.2	63	3.31
—	—	—	—
0	1.2	3	37.80
0.818	130.1	156	3.18
0.625	166	219	2.33
0.667	132	167	3.14

安打	本塁打	打点	盗塁	打率
45	3	20	4	0.238
58	10	31	1	0.274
22	5	17	1	0.202
104	22	67	7	0.322
67	8	31	0	0.332
93	22	61	10	0.285
110	18	62	12	0.286
29	7	24	7	0.190
138	46	100	26	0.257
160	34	95	11	0.273
151	44	95	20	0.304

大谷翔平選手の

	年度	登板	勝利	敗戦
投手成績	2013	13	3	0
	2014	24	11	4
	2015	22	15	5
	2016	21	10	4
	2017	5	3	2
	2018	10	4	2
	2019	2019年は打者に専念		—
	2020	2	0	1
	2021	23	9	2
	2022	28	15	9
	2023	23	10	5

	年度	試合	打席	打数	得点
打者成績	2013	77	204	189	14
	2014	87	234	212	32
	2015	70	119	109	15
	2016	104	382	323	65
	2017	65	231	202	24
	2018	104	367	326	59
	2019	106	425	384	51
	2020	44	175	153	23
	2021	155	639	537	103
	2022	157	666	586	90
	2023	135	599	497	112

主な受賞歴

NPB

最優秀選手：1回（2016年）
ベストナイン：3回（投手部門：2015年、2016年／指名打者部門：2016年）
※2016年は史上初の投手と野手部門の同時受賞
月間MVP：3回（投手部門：2015年3、4月、2016年6月）
最優秀バッテリー賞：1回（2015年　捕手：大野奨太）
ジョージア魂賞　年間大賞：1回（2014年）
ジョージア魂賞　Bi-weekly賞：1回（2014年度第2回、4月下旬）
札幌ドームMVP：2回（野球部門：2015年、2016年）
セ・パ交流戦　日本生命賞：1回（2016年）
オールスターゲームMVP：1回（2016年第2戦）※指名打者として
オールスターゲーム敢闘選手賞：1回（2013年第3戦）※右翼手として
オールスターゲーム　SKYACTIV TECHNOLOGY賞：1回（2013年）※右翼手として
報知プロスポーツ大賞：2回（2014年、2016年）
日本プロスポーツ大賞：2回（2016年、2018年）
速玉賞（2014年）

大谷翔平選手の

MLB

新人王（2018年）※日本人4人目

月間MVP：3回（野手部門：2021年6月、7月、2023年6月）

週間MVP：5回（2018年4月2日〜4月8日、2018年9月3日〜9月9日、2021年6月14〜6月20日、2021年6月28日〜7月4日、2023年6月13〜19日）

ルーキー・オブ・ザ・マンス：2回（2018年4月、2018年9月）

ロサンゼルス・エンゼルス最優秀選手賞：2回（2021年、2022年）

ニック・エイデンハート最優秀投手賞：2回（2021年、2022年）

毎日スポーツ人賞 グランプリ（2018年）

ビッグスポーツ賞 テレビ朝日スポーツ放送大賞（2018年）

ESPY賞「ベストMLB選手」部門：2回（2021年、2022年）

コミッショナー特別表彰（2021年）※日本人2人目

プレーヤーズ・チョイス賞「年間最優秀選手賞」（2018年）「ア・リーグ最優秀選手賞」（2021年）（2023年）

ア・リーグMVP（2021年）（2023年）

ハンク・アーロン賞　ア・リーグ部門（2023年）

国際大会

WBCプレミアム12・ベストナイン：1回（先発投手部門：2015年）

WBC　MVP：1回（2023年）

WBCオールWBCチーム：1回（投手・指名打者：2023年）

『働くみんなのモチベーション論』金井壽宏著（NTT 出版）
『Dark Horse 好きなことだけで活きるが成功する時代』トッド・ローズ著（三笠書房）
『ニュータイプの時代 新時代を生き抜く 24 の思考・行動様式』山口周著（ダイヤモンド社）
『運の方程式 チャンスを引き寄せ結果に結びつける科学的な方法』鈴木祐著（アスコム）
『学びを結果に変えるアウトプット大全』樺沢紫苑著（サンクチュアリ出版）
『精神科医が見つけた 3 つの幸福 最新科学から最高の人生をつくる方法』樺沢紫苑著（飛鳥新社）
『ハーバート大学人気 No.1 講義 HAPPIER 幸福も成功も手に入れるシークレット・メソッド』タル・ベン・シャハー著（幸福の科学出版）
『自分を変える 89 の方法』スティーヴ・チャンドラー著（ディスカヴァー・トゥエンティワン）
『思考法図鑑』株式会社アンド著（翔泳社）
サンスポ
スポニチアネックス
NHKNEWSWEB
雑誌ナンバー（文藝春秋）
週刊ベースボール（ベースボール・マガジン社）
雑誌 AERA（朝日新聞出版）
侍ジャパン優勝記念号（ベースボール・マガジン社）
日本経済新聞
NHK スペッシャル「メジャーリーガー大谷翔平自ら語る挑戦の1年」
日本スポーツ振興センター アスリート育成パスウェイ
デサントジャパン特別インタビュー
Salesforce.com
パ・リーグ .com
三菱 UFJ フィナンシャルグループホームページ
Numberweb
THE ANSWER
GQ ジャパンホームページ
PROSPEX × Shohei Ohtani インタビュー 2023

著者紹介

児玉光雄（こだま・みつお）

1947年兵庫県生まれ。追手門学院大学スポーツ研究センター特別顧問、元鹿屋体育大学教授。京都大学工学部卒。大学時代はテニスプレーヤーとして活躍し、全日本選手権にも出場。カリフォルニア大学ロサンジェルス校（UCLA）大学院で工学修士号を取得。米国五輪委員会スポーツ科学部門本部の客員研究員として、米国五輪選手のデータ分析に従事。過去30年以上にわたり、臨床スポーツ心理学者として、ゴルフ、テニスを中心に数多くのアスリートのメンタルカウンセラーを務める。また、右脳活性プログラムのカリスマ・トレーナーとして、これまで数多くの受験雑誌や大手学習術に右脳活性トレーニングを提供。この分野の関連書は100冊以上、累計発行部数は150万部を越える。主な著書はベストセラーになった『この一言が人生を変えるイチロー思考』（知的生きかた文庫）をはじめ、『大谷翔平 勇気をくれるメッセージ80』（三笠書房）、『能力開発の専門家が作ったそうぞう力とさんすう力がみるみる育つこども脳トレドリル』『頭がよくなる!「両利き」のすすめ』（いずれもアスコム）など200冊以上。日本スポーツ心理学会会員、日本ゴルフ学会会員。

■ホームページ　http://www.m-kodama.com

■ Facebook　http://www.facebook.com/mitsuo.kodama.9

参考文献

『道ひらく、海わたる　大谷翔平の素顔』佐々木亨著（扶桑社）
『不可能を可能にする大谷翔平120の思考』大谷翔平著（ぴあ）
『大谷翔平　野球翔年1 日本編』石田雄太著（文芸春秋）
『SHO-TIME　大谷翔平　メジャー12年の歴史を変えた男』ジェフ・フレッチャー著（徳間書店）
『大谷翔平 2 刀流の軌跡』ジェイ・パリス著（辰巳出版）
『大谷翔平 偉業への軌跡 永久保存版 歴史を動かした真の二刀流 齋藤康裕著（あさ出版）
『大谷翔平 パーフェクトデータブック 2022 年版』福島良一監修（宝島社）
『大谷翔平 二刀流 その軌跡と挑戦』扶桑社
大谷翔平 2022 シーズン決算号（ベースボール・マガジン社）
『大谷翔平86のメッセージ』児玉光雄著（三笠書房）
『すぐやる力　やり抜く力』児玉光雄著（三笠書房）
『大谷翔平　勇気をくれるメッセージ80』児玉光雄著（三笠書房）
『好きと得意で夢をかなえる一大谷翔平から学ぶ成功メッソド』児玉光雄著（河出書房新社）
『フロー体験入門―楽しみと創造の心理学』M. チクセントミハイ著（世界思想社）
『「努力」が報われる人の心理学 結局、努力をつづけた人の勝ち』内藤誼人著（PHP 研究所）
『面倒くさがりの自分がおもしろいほどやる気になる本』内藤誼人著　（明日香出版社）
『世界最先端の研究から生まれたすごいメンタル・ハック　ストレスフリーで生きる77の心理術』内藤誼人著（清談社）
『右脳思考　ロジカルシンキングの限界を超える観・感・勘のススメ』内田和成著（東洋経済新報社）
『スピード自己実現』中谷彰宏著（ダイヤモンド社）
『図解モチベーション大百科』　池田貴将編著　（サンクチュアリ出版）
『「やればできる!」の研究　能力を開花させるマインドセットの力』キャロル・S・ドウエック著（草思社）
『科学的に幸福度を高める50の習慣』島井哲志著　（明日香出版社）
『直感力』羽生善治著（PHP 研究所）
『メンタル・タフネス タフネスで強くなる』ジム・レーヤー著（阪急コミュニケーションズ）
『仕事と幸福、そして、人生について』ジョシュア・ハルバースタム著（ディスカヴァー・トゥエンティワン）
『エフォートレス思考』グレッグ・マキューン著（かんき出版）
『スタンフォードの自分を変える教室』ケリー・マクゴニガル著（大和書房）

「できない」を「できる」に変える
大谷翔平の思考法

発行日　2023年11月 6 日　第1刷
発行日　2024年11月21日　第7刷

著者　児玉光雄

本書プロジェクトチーム
編集統括　柿内尚文
編集担当　池田孝一郎
編集協力　岡田剛（楓書店）
カバーデザイン　菊池崇+櫻井淳志（ドットスタジオ）
本文デザイン　木村真、ヤマシタツトム
カバー写真提供　甲冑工房丸武　紺糸威仏二枚胴（兜）

営業統括　丸山敏生
営業推進　増尾友裕、綱脇愛、桐山敦子、相澤いづみ、寺内未来子
販売促進　池田孝一郎、石井耕平、熊切絵理、菊山清佳、山口瑞穂、吉村寿美子、矢橋寛子、遠藤真知子、森田真紀、氏家和佳子
プロモーション　山田美恵

編集　小林英史、栗田亘、村上芳子、大住兼正、菊地貴広、山田吉之、大西志帆、福田麻衣、小澤由利子
メディア開発　池田剛、中山景、中村悟志、長野太介、入江翔子、志摩晃司
管理部　早坂裕子、生越こずえ、本間美咲
発行人　坂下毅

発行所　株式会社アスコム

〒105-0003
東京都港区西新橋2-23-1　3東洋海事ビル
TEL：03-5425-6625

印刷・製本　株式会社光邦

Printed in Japan ISBN 978-4-7762-1323-9